Les Futés

Jocelyne Despins et Brigitte Gagnon
(section Français)

Isabelle Morency
(section Mathématique)

Marie-France Saintelien
(section Anglais)

Des exercices pour réviser toute l'année

2ᵉ année

Français
Mathématique
Anglais

CARACTÈRE

Les Futés
Français, Mathématique, Anglais 2ᵉ année

Jocelyne Despins et Brigitte Gagnon, auteures (section Français)
Isabelle Morency, auteure (section Mathématique)
Marie-France Saintelien, auteure (section Anglais)

© 2013 Les Éditions Caractère inc.

Édition : Corinne Dumont et Claire Chabot
Coordination : Laurène Phélip
Révision : Lucie Lefebvre et Arielle Aaronson
Correction d'épreuves : Danielle Maire et Nancy Perreault
Illustrations : Vinicius Vogel et Marie-Hélène Tran-Duc
Conception graphique : Pige Communication
Conception de la couverture : Ose Design et Josée Brunelle
Infographie : Pige Communication
Impression : TC Imprimeries Transcontinental

Sources iconographiques

Shutterstock : **p. 86** (flocons), **p. 112** (marguerite, feuille d'arbre), **p. 117** (rondelle de hockey, balle soccer, balle de baseball, balle de basket, balle de tennis), **p. 123** (contour de drapeau), **p. 125** (thermomètre).

5800, rue Saint-Denis, bureau 900
Montréal (Québec) H2S 3L5 Canada
Téléphone : 514 273-1066
Télécopieur : 514 276-0324 ou 1 888 460-3834
caractere@tc.tc

ISBN 978-2-89642-760-4

Dépôt légal : 1ᵉʳ trimestre 2013
Bibliothèque et Archives nationales du Québec
Bibliothèque et Archives Canada

Imprimé au Canada

3   4   5   6   7   ITIB   20   19   18   17   16

Les Éditions Caractère inc. reconnaissent l'aide financière du gouvernement du Canada par l'entremise du Fonds du livre du Canada (FLC) pour leurs activités d'édition.

La vente de garage

Les abeilles

Les arts martiaux

Je joue avec les mots

MATHÉMATIQUE

➕ Arithmétique

🎲 Géométrie

Mesure

Statistique

Probabilité

Problèmes

Jeux

ANGLAIS

FRANÇAIS

Lecture
Vocabulaire
Orthographe
Conjugaison
Grammaire
Jeux

Une visite au verger

Je suis allée au verger avec ma classe. J'ai une surprise pour toi !

Merci ! As-tu passé une belle journée ?

Super ! Je te raconte.

1 Lis le texte pour savoir ce qui s'est passé au verger, puis réponds aux questions.

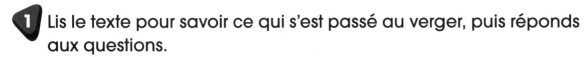

À notre arrivée au verger Rouge-pomme, nous avons rencontré monsieur Girard qui est pomiculteur. Il cultive plusieurs variétés de pommes comme la Lobo, la Richelieu, la Vista Bella et la Melba.

Plus tard dans la matinée, il a fait du jus à l'aide d'une centrifugeuse. Il a utilisé des pommes fraîchement cueillies. Le jus était délicieux.

En dégustant des morceaux de pommes, monsieur Girard nous a appris qu'il existait des pommes d'été et des pommes d'automne.

Je sais aussi que la pomme est un fruit très bon pour la santé. On peut en manger au moins trois par jour. Elle contient de l'eau, des fibres, de la vitamine C et du potassium. On peut la manger crue, râpée ou en compote.

À la fin de notre visite, Monsieur Girard nous a remis une recette.

Va à la page 12 pour la découvrir.

Verger : endroit où sont plantés des arbres fruitiers.

Centrifugeuse : appareil utilisé pour récupérer le jus des fruits ou des légumes.

Fibres : on en trouve dans les aliments végétaux, fruits, légumes et céréales.

Potassium : on en trouve beaucoup dans les pruneaux et l'avocat mais aussi dans la pomme.

2 Le savais-tu?

a) Savais-tu qu'il existe plusieurs sortes de pommes?

 ⊗ oui   ◯ non

b) Savais-tu qu'on peut faire du jus avec des pommes?

 ⊗ oui   ◯ non

c) Savais-tu qu'on peut manger plusieurs pommes par jour?

 ⊗ oui   ◯ non

Qu'as-tu appris en lisant le récit de ma journée?

3 Écris deux informations que tu viens d'apprendre.

J'ai appris que une centrifgeuse fait du jus. J'ai appris qu'un verger est l'endroit où sont plantés les pommiers.

4 Selon toi, pourquoi le pomiculteur a-t-il appelé son verger Rouge-pomme?

Parce que les pommes sont rouges.

5 Écris le nom de deux variétés de pommes cultivées au verger.

la Lobo   la Richelieu

6 Les pommes sont bonnes pour la santé. Pourquoi?

Elles contiennent de la vitamine C   de l'eau, des fibres   du potassium

7 Préfères-tu les pommes crues, râpées, sous forme de jus ou en compote?

Je préfère _____les pomme crues._____ .

8 Quelle est ta variété de pommes préférée?

Je préfère _____la Lobo_____ .

9 Combien de pommes manges-tu par semaine?

Je mange _____2_____ pomme(s) par semaine.

> Voici une recette à faire en famille.
>
> Demande l'aide d'un adulte.

La compote de monsieur Girard

1 **Ingrédients**
- 8 pommes
- 5 cuillerées à soupe d'eau
- $\frac{1}{2}$ tasse de sucre
- $\frac{1}{2}$ cuillerée à thé de cannelle

2
– Éplucher les pommes.

– Les couper en quartiers.

– Enlever le cœur des pommes.

– Déposer les pommes dans une casserole.

– Ajouter l'eau.

– Faire cuire jusqu'à ce que les pommes ramollissent.

– Ajouter le sucre.

– Parfumer avec la cannelle.

La compote est prête!

10 Lis la recette de la page 12.

a) Écris le nom des ingrédients (tableau 1).

b) Recopie dans l'ordre toutes les étapes de la recette (tableau 2).

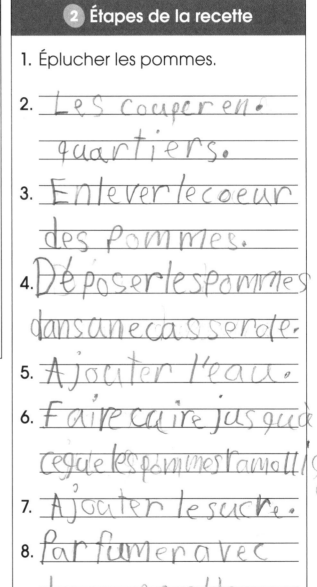

1 Ingrédients à prévoir	**2** Étapes de la recette
1. 8 Pommes	1. Éplucher les pommes.
2. 5 cuillerées à soupe d'eau	2. Les couper en quartiers.
3. ½ tasse d sucre	3. Enlever le coeur des pommes.
4. ½ cuillerées à thé de cannelle	4. Déposer les pommes dans une casserole.
	5. Ajouter l'eau.
	6. Faire cuire jusqu'à ce que les pommes amollissent.
	7. Ajouter le sucre.
	8. Parfumer avec la cannelle.

Lecture

11 Entoure les quatre objets nécessaires pour préparer la compote.

un couteau

une cafetière

une passoire

une casserole

une cuillère

une cuisinière

une râpe à fromage

12 Dans quelles recettes peut-on trouver des pommes ?

a) une tarte

    ⊗ oui   ◯ non

d) un jus

    ⊘ oui   ◯ non

b) un couscous

    ⊗ oui   ◯ non

e) un gâteau

    ⊘ oui   ◯ non

c) une croustade

    ⊗ oui   ◯ non

f) une soupe

    ⊗ oui   ◯ non

13 À l'aide de la banque de mots, complète le texte.

Banque de mots		
dessert ✓	chocolat ✓	beurre ✓
pommes ✓	plat ✓	ajoute ✓
four ✓	sucre ✓	enlève ✓
eau ✓	30 minutes ✓	lave

Découvre mon _dessert_ favori.

Je prends 4 _pommes_. Je les _lave_.

Maman _enlève_ le cœur de chaque pomme.

Je dépose les pommes dans un _plat_ qui va

au _four_. Je mets dans chaque pomme

2 carrés de _sucre_, du _chocolat_

et du _beurre_. J'_ajoute_ un peu

d'_eau_ dans le plat. Je mets le tout

au four pendant _30 minutes_.

14 Donne un nom à la recette d'Alexis.

Supers pommes au chocolat

Vocabulaire

1 Remplis le tableau en mettant chaque mot dans la bonne colonne.

une tarte   un jus   une pomme

un pépin   une santé   une compote   un fruit

un dessert   un pomiculteur   une vitamine

Genre : masculin	Genre : féminin
• un jus	• une tarte
• un pépin	• une pomme
• un fruit	• une santé
• u dessert	• une compote
• un pomiculteur	• une vitamine

2 Regroupe les mots de la même famille.

une pomme   un arbrisseau   un pommetier

un arbre   une pommette   un arbuste

- un arbre
- un arbrisseau
- un arbuste

- une pomme
- un pommetier
- une pommette

1 Place chaque étiquette sur un panier.
Respecte l'ordre alphabétique.

~~Rouville~~ ~~Lobo~~ ~~Melba~~ ~~Vista Bella~~ ~~Cortland~~ ~~Richelieu~~

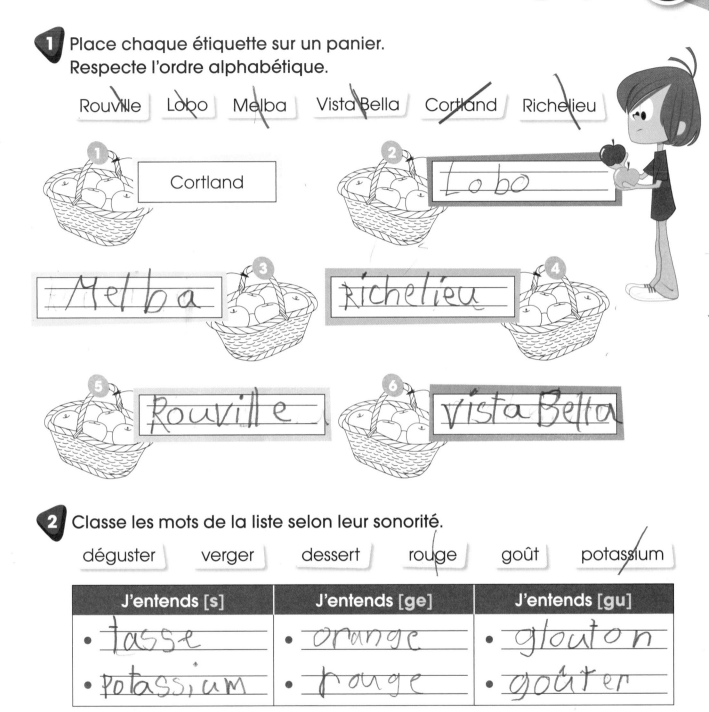

1 Cortland

2 Lobo

3 Melba

4 Richelieu

5 Rouville

6 Vista Bella

2 Classe les mots de la liste selon leur sonorité.

déguster   verger   dessert   rouge   goût   potassium

J'entends [s]	J'entends [ge]	J'entends [gu]
• tasse	• orange	• glouton
• potassium	• rouge	• goûter

3 Apprends par cœur l'orthographe des mots suivants.

orange   manger   glouton   goûter   saucisson   tasse

M

1 Complète les phrases en ajoutant le verbe *avoir* ou le verbe *être*.

Avoir	Être
j'ai	je suis
tu as	tu es
elle a	il est
nous avons	nous sommes
vous avez	vous êtes
elles ont	ils sont

Aide-toi des tableaux de conjugaison.

Phrases avec *avoir*	Phrases avec *être*
J' _ai_ trois pommes dans mon sac.	Nous _sommes_ dans le verger.
Tu _as_ hâte de goûter la compote.	Vous _êtes_ heureux de sortir.
Elle _a_ une délicieuse collation aux pommes.	Ils _sont_ gourmands.

2 Décris les illustrations en ajoutant *avoir* ou *être*.

avoir	_être_	_avoir_	_être_
faim	souffrante	froid	triste

1 Recopie les phrases en mettant la majuscule et le bon point. `!` `?` `.`

a) farfouille dort profondément

Farfouille dort profondément.

b) il rêve à une souris _Il rêve à une souris._

c) est-elle grise _Est-elle grise?_

d) non, elle est verte _Non, elle est verte!_

2 Lis la phrase, puis réponds aux questions.

> fabrique   Monsieur   Girard   sucré.   du jus de pomme

a) La phrase est-elle facile à comprendre ?   ◯ oui   ⊗ non

b) Réécris la phrase en mettant les mots dans le bon ordre.

Monsieur Girard fabrique du jus de pomme.

3 Entoure les adjectifs dans chaque phrase.

a) Les pommes sont vertes, rouges ou jaunes.

b) Certaines pommes sont acidulées.

c) Il y a de gros pommiers dans le verger.

> L'adjectif précise le nom qu'il accompagne.
> Il se place avant ou après le nom.
>
> Exemple : UNE **BELLE** POMME **SUCRÉE**
>   ↑ adjectif   ↑ adjectif

Lecture

Des mots qui riment

1 Lis ces poèmes pour découvrir des rimes et construire des images dans ta tête.

Petite souris

Petite souris noire,
Rôde, rôde la nuit,
Rôde, rôde sans bruit
Tout autour de l'armoire.
Petite souris fine,
Ronge, ronge la nuit
Ronge, ronge sans bruit
Le lard de la cuisine.
Petite souris grise,
File, file la nuit,
File, file sans bruit,
Sinon tu seras prise.

A. Atzenwiler, « Petite souris », dans
J. et G. Boulizon, *Poésies choisies
pour les jeunes*, Montréal, Éditions
Beauchemin, 1960, p. 12.

En voyage

Il faut que j'aille
À Calcutta
Chercher du bois
Pour mon papa.

Il faut que j'aille
En Angleterre
Chercher du thé
Pour ma grand-mère.

Il faut que j'aille
À Bornéo
Faire réparer
Ma p'tite auto.

Les amis
Laissez-moi passer.
Je suis vraiment pressé.

M. Nadeau et S. Trudeau,
Grammaire de 2e cycle, Boucherville,
Graficor, 2001, p. 38.

Le poisson rouge

Le poisson rouge
De mon école
A la rougeole.

Il ne veut pas
Que chacun voie
Ses boutons rouges.

Dès que l'eau bouge,
Le peureux plonge
Sous une éponge.

Moi je connais
La (vérité)
Mais je me tais.

Le poisson sait
Que dans l'école
Je cache et colle

Mon chewing-gum.
Sous l'aquarium.

Pierre Coran, Le poisson rouge © SABAM Belgium 2012.

2 Relis le poème *Le poisson rouge*. Réponds aux questions.

a) Quelle est la maladie du poisson rouge ?

rougeole

b) Où se cache le poisson rouge ?

le poisson rouge se cache
sous une épouge.

c) Que voit le poisson rouge ?

Le poisson voit l'enfant qui cach
s,en chewing-gums sous l'aquarium

d) Pourquoi l'enfant se tait-il ?

l'enfant se tait parce qu'il sait
que le poisson connait son secret

3 Relis le poème *Petite souris* et dessine les trois petites souris.

4 Résous la charade suivante.

Mon premier est le contraire de *sur*. _____ sous _____

Mon deuxième est le contraire de *pleure*. _____ ris _____

Mon tout est un petit animal. _____ sousris _____

5 Entoure tous les mots qui riment avec *armoire*.
Complète la phrase avec les mots entourés.

noire   nuit   au revoir   sol   fil   poire

Je dis _au revoir_ à la souris _noire_ qui mange une _poire_.

6 Relis le poème *En voyage* pour observer les rimes.
Invente un poème du même genre avec les mots ci-dessous.

Noms propres de lieux	Noms communs de choses	Noms communs de personnes
Lac St-Jean	sport	cousin
Rimouski	pain	maman
Pékin	photos	amis

Mon voyage

Il faut que j'aille

Au **Lac St-Jean**

Acheter du **Pain**

Pour ma **Maman** .

Il faut que j'aille

À **Rimouski**

Pour faire du **sport**

Avec mes **amis** .

Il faut que j'aille

À **Pékin**

Prendre des **Photos**

Pour mon **cousin** .

Vocabulaire

Coche la bonne réponse.

a) *Elle rôde* veut dire :

- ⊗ elle dort
- ⊘ elle va par ici puis par là
- ◯ elle mange

b) Une souris fine est :

- ⊗ une souris intelligente
- ◯ une souris drôle
- ◯ une souris méchante

c) Le bébé souris est :

- ◯ un éléphanteau
- ◯ un louveteau
- ⊗ un souriceau

d) Calcutta est :

- ⊗ une ville
- ◯ une calculatrice
- ◯ le nom d'un château

e) Bornéo est :

- ◯ un gâteau
- ◯ un ami d'Alexis
- ⊗ une île

f) La rougeole est :

- ⊗ une maladie
- ◯ un chapeau rouge
- ◯ une danse

g) Un peureux est :

- ◯ un animal
- ◯ un arbre qui a peu de feuilles
- ⊗ quelqu'un qui a peur

h) Un aquarium est :

- ◯ une feuille quadrillée
- ⊗ une maison pour les poissons
- ◯ une plante verte

1 Relis les trois <u>poèmes</u> et <u>repère</u> les mots qui ont des accents.
Fais la <u>même</u> chose avec les mots soulignés de cette consigne.
<u>Écris</u> tous ces mots au bon endroit dans le tableau.

Accent aigu	Accent grave	Accent circonflexe
• thé	• Dès	• même
• école	• mère	• Rôde, rôde
• éponge	• Poèmes	
• Bornéo	• repère	
• réparer	• À	
• pressé		
• écris		
• vérité		

2 Écris deux noms propres de personnes et deux noms propres d'animaux
que tu connais.

Les noms propres s'écrivent avec une majuscule.

Noms propres de personnes	Noms propres d'animaux
• Clara	• Farfouille
• Ella	• Emmy
• Syné	• Molly

1 Complète les phrases du poème en ajoutant le verbe *aimer* conjugué au présent.

J' _aimer_ ma maman comme une fleur au printemps.

Tu _aimer_ les sports d'hiver comme un petit expert.

Il _aimer_ le soccer car il court de tout son cœur.

Nous _aimer_ les poèmes qui disent *Je t'aime*.

Vous _aimer_ les voyages pour découvrir d'autres visages.

Elles _aimer_ les animaux, autant les petits que les gros.

Aimer
j'aime
tu aimes
il/elle aime
nous aimons
vous aimez
ils/elles aiment

Aide-toi du tableau de conjugaison.

2 Écris deux phrases avec le verbe *aimer* conjugué au présent.

J'aime ma famille parce qu'elle est gentille.

Tu aimes les sports Lien.

Grammaire

1 Écris les bons déterminants (*un/une* et *le/la/l'*).
Indique le genre du mot en cochant M ou F (*Masculin* ou *Féminin*).

un/une	le/la/l'		M	F
un	le	poisson	Ⓧ	○
un	l'	école	○	Ⓧ
un	l'	eau	○	Ⓧ
une	la	vérité	○	Ⓧ
un	l'	aquarium	Ⓧ	○

un/une	le/la/l'		M	F
un	le	bananier	Ⓧ	○
un	l'	oiseau	Ⓧ	○
une	la	bicyclette	○	Ⓧ
un	l'	armoire	Ⓧ	○
une	la	nuit	○	Ⓧ

2 Recopie le texte. Au début de chaque phrase, remplace la lettre minuscule par une majuscule. Ajoute un point à la fin de chaque phrase.

mon frère Laurent compose des poèmes sur les animaux il choisit bien ses mots Laurent lit ses textes aux amis de sa classe ses amis rient car les poèmes de Laurent sont drôles

Mon frère Laurent compose des poèmes sur les animaux. Il choisit bien ses mots. Laurent lit ses textes aux amis de sa classe. Ses amis rient car les poèmes de Laurent son drôles.

Le marchand de sable

Hier, j'ai eu du mal à m'endormir.

Ah bon ? Le marchand de sable n'est pas passé ?

Farfouille ? Voyages-tu avec le marchand de sable ?

1 Lis le conte pour découvrir l'aventure de Benjamin, puis réponds aux questions.

Benjamin se tournait et se retournait dans son lit, sans pouvoir trouver le sommeil. À minuit passé, il avait encore les yeux grands ouverts.

«Si seulement je pouvais dormir, si seulement le marchand de sable existait.»

Il avait à peine prononcé ces mots que Benjamin vit surgir devant lui un très grand homme, vêtu magnifiquement.

Il portait des bottes de cuir qui lui montaient jusqu'aux cuisses, un pantalon bleu qui brillait doucement dans la nuit, une chemise d'un blanc éclatant et un chapeau aux larges bords qui laissait flotter des rubans multicolores.

Il portait aussi un grand sac de soie rouge avec, à l'intérieur, du sable qui ressemblait à de la poudre d'or. «Si tu veux me suivre, mets cette poignée de sable dans ta poche.»

Éclatant : qui brille.

Benjamin, très intrigué, fit ce que l'homme lui demandait et se mit tout à coup à **voler** dans les **airs**. Ils passèrent alors par la fenêtre et survolèrent tous les continents.

Benjamin vit des choses **merveilleuses** : il vit les bêtes sauvages d'Afrique au bord des grands lacs. Il vit dans le désert un petit Bédouin écouter les histoires fantastiques que lui racontait sa mère.

Parvenu jusqu'au ciel, il fit du toboggan sur l'arc-en-ciel, il joua à cache-cache derrière les planètes, il jongla avec les étoiles et fit un tour de manège sur les rayons du soleil.

Il finit par être épuisé et c'est à peine s'il se rendit compte que le marchand de sable le prenait par la main en lui disant : « Viens, je vais te ramener dans ta chambre. »

Le lendemain matin, Benjamin s'étira : « Comme j'ai bien dormi, et quel beau rêve j'ai fait. Dommage que ce ne soit pas la réalité. » C'est alors qu'en glissant la main dans sa poche, Benjamin en retira une poignée de sable qui scintillait comme de **la poudre d'or**.

Retrouve ce texte et d'autres histoires sur le site www.iletaitunehistoire.com

 **Lecture**

2 Colorie le marchand de sable comme il est décrit dans le conte, à la page 28.

Il manque quelque chose. Regarde bien le chapeau et complète-le !

3 Coche la bonne réponse.

a) Quel est le problème de Benjamin au début du conte ?

◯ Benjamin ne trouve pas son livre d'histoires.

◯ Benjamin a peur du marchand de sable.

⊗ Benjamin n'arrive pas à dormir.

b) Que veut dire *multicolore* ?

◯ Qui a une seule couleur.

◯ Qui a n'a pas de couleur.

⊗ Qui a plusieurs couleurs.

c) Que doit faire Benjamin pour suivre le marchand de sable ?

◯ Il doit porter un costume spécial.

◯ Il doit avaler une potion magique.

⊗ Il doit mettre une poignée de sable dans sa poche.

d) Comment Benjamin se déplace-t-il dans le ciel?

- ○ Il se déplace en avion.
- ⊘ Il se déplace en volant.
- ○ Il se déplace en hélicoptère.

4 Quelle est ta partie préférée du conte? *Quand ça décrit le marchand de sable.*

5 Dans ce conte, **est-ce que** Benjamin a vraiment **voyagé** dans le ciel avec **le marchand de sable**?

Oui il a vraiment voyagé dans le ciel avec le marchand de sable.

Trouve un indice dans le texte. *Il a trouvé de la poudre d'or dans sa poche.*

6 Relis le texte et repère ce que Benjamin a fait pendant son voyage. Numérote chaque action en respectant l'ordre chronologique du conte.

 # Vocabulaire

1 Entoure dans chaque phrase le nom commun qui finit par une lettre muette (*t* ou *d*).

a) Il se tournait et se retournait dans son lit.

b) Le pantalon bleu brillait dans la nuit.

c) Je me demande si le marchand de sable existe.

d) Il vit, dans le désert, un petit Bédouin écouter une histoire.

> Une lettre muette ne se fait pas entendre dans la prononciation (le t de chat ne s'entend pas).

2 Complète le tableau en écrivant des mots de la même famille.

Les mots de la même famille		
un lit	le marchand	éclatant
• _____	• _____	• _____
• _____	• _____	• _____

3 Entoure dans chaque phrase la ou les lettres muettes qui indiquent le pluriel des mots.

a) Benjamin avait les yeux grands ouverts.

b) Il portait un chapeau avec des rubans multicolores.

c) Benjamin vit des choses merveilleuses.

d) Il joua à cache-cache derrière les planètes.

Orthographe

1 Complète les mots avec *en* ou *em*, *an* ou *am*.

un ch_____pion

le j_____bon

la c_____pagne

une ch_____bre

le p_____talon

le ch_____t

le m_____ton

le contin_____t

la d_____t

la p_____te

une _____veloppe

la t_____pête

r_____plir

_____brasser

> N'oublie pas que devant m, b, p, on met un m !

2 Lis les mots de l'encadré. Écris-les dans les cases ci-dessous.
Aide-toi des lettres déjà placées.

HOMME	ROUGE	VOLER	CHOSE	MATIN
POCHE	RUBAN	BOTTE	JOUER	SABLE

- | | O | T | | |
- | | O | | | E |
- | H | | | | |
- | | H | | E | |
- | | | B | L | |

- | | O | U | | |
- | | O | | | R |
- | | | | T | N |
- | R | | | | |
- | R | | | | E |

je tu il Conjugaison

1 Complète les phrases en ajoutant le verbe *être* au présent.

Va à la page 18 de ton cahier pour revoir la conjugaison des verbes avoir et être.

a) Vous _____ en pyjama.

b) Benjamin _____ fatigué mais il n'arrive pas à dormir.

c) Nous _____ épuisés par ce voyage nocturne.

d) Je _____ le marchand de sable et je t'emmène avec moi.

e) Tu _____ curieux de connaître le marchand de sable.

f) Les enfants _____ contents de glisser sur l'arc-en-ciel.

2 Complète les phrases en ajoutant le verbe *avoir* au présent.

a) Il _____ une chemise blanche.

b) Nous _____ du sable dans les poches.

c) Elles _____ un sac de soie rouge.

d) J'_____ besoin de dormir.

e) Vous _____ de la chance de voyager.

f) Tu _____ un chapeau aux rubans multicolores.

g) Benjamin _____ les yeux grands ouverts.

1 Entoure le nom de chaque groupe du nom en gras.

> Le nom est le mot principal du groupe du nom. Il est souvent introduit par un déterminant.

a) **Ses yeux** sont grands ouverts.

b) Les animaux sauvages boivent **de l'eau fraîche**.

c) Le petit garçon écoute **une histoire fantastique**.

d) Il porte **une chemise blanche** et **un pantalon bleu**.

2 Écris au pluriel les groupes du nom suivants.

a) le toboggan blanc : _____

b) le manège géant : _____

c) le pantalon rouge : _____

d) le grand rêve : _____

3 Ajoute le bon point à la fin de chaque phrase. ! ? .

a) Comme j'ai fait un beau voyage ◯

b) Benjamin n'arrive pas à dormir ◯

c) Es-tu déjà allé en Afrique ◯

> C'est fou ce que l'on peut faire avec des mots !

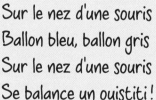

d) Benjamin a trouvé du sable dans sa poche ◯

> Sur le nez d'une souris
> Ballon bleu, ballon gris
> Sur le nez d'une souris
> Se balance un ouistiti !

e) Est-ce que tu rêves souvent ◯

f) Quel plaisir de voyager ◯

La vente de garage

Aujourd'hui, je vais à la vente de garage de mon quartier.

As-tu besoin d'un garage ?

Mais non !
Lis la définition plus bas !

J'aimerais trouver un nouveau jeu vidéo, je viens avec toi !

Et moi,
1 ou 2 souris !

Vente de garage

Une vente de garage est une activité que l'on fait au printemps, en été ou à l'automne.

Les gens font du ménage dans leur maison et leur garage. Ils vendent les objets qu'ils ne veulent plus pour quelques dollars.

On peut aussi appeler ça une *vente-débarras*.

1 Ma mère, ma sœur et moi sommes allées
à des ventes-débarras samedi dernier. Lis
le texte suivant pour découvrir nos trouvailles.

La vente-débarras

« Ce t-shirt est beaucoup trop petit
pour moi, dit Karine.

— Et je n'entre plus dans cette veste.

— C'est vrai, dit maman. Nous devons
acheter des vêtements plus grands.
Regardons s'il y a des ventes-débarras
samedi. »

Nous regardons dans le journal.

Karine fait une liste de toutes les ventes-débarras
près de notre maison.

Samedi matin, nous nous levons très tôt. À huit heures,
nous sommes sur la route.

À la première vente-débarras,
il y a beaucoup de jouets
et de livres.

J'achète un livre et
Karine achète un jeu.
Maman n'achète rien.

À la vente-débarras suivante,
c'est mieux.

Il y a de tout !

Karine achète un sac et un bâton de
hockey. J'achète une bague et un collier.

Trouvailles : choses trouvées par hasard, et qui font plaisir.

Maman regarde les vêtements.

Elle m'appelle et me dit : « Regarde ces chaussures. Je pense qu'elles vont t'aller. »

J'essaie les chaussures. Elles sont parfaites.

Maman m'achète aussi une veste. Elle achète des jeans à Karine.

Soudain, maman voit une table qui lui plaît beaucoup.

« Nous avons besoin d'une plus grande table, dit-elle. Celle-ci sera parfaite.

— Qu'allons-nous faire de notre vieille table ? demande maman.

— Et de nos vieux vêtements ? demande Karine.

— Organisons une vente-débarras ! »

Fran Hunia, *La vente-débarras*, Montréal, Chenelière Éducation, coll. « Libellule », 2010.

2 Réponds aux questions.

a) Quel est le titre de l'histoire ? _____

b) Combien y a-t-il de personnages ? _____

c) Où la famille trouve-t-elle la liste des ventes-débarras ?

_____

_____

d) Quel jour de la semaine se passent ces ventes-débarras ?

_____

_____

e) À quelle heure la famille part-elle ? _____

f) À combien de ventes-débarras la famille va-t-elle ? _____

g) Parmi les objets de la liste, écris le nom de ceux que la famille n'a pas achetés.

> un jeu • un livre • un domino • un sac et un bâton de hockey
> une jupe • une bague et un collier • un ballon • une cravate
> une veste • des jeans • une table • des chaussures

• _____   • _____

• _____   • _____

3 Complète les phrases en ajoutant les mots suivants.

> et • puis • Premièrement • Finalement • pendant que • ou

Organisation d'une vente de garage

_____ , on choisit les objets _____ les vêtements

à vendre. On écrit un prix sur chaque objet _____ vêtement

_____ les adultes préparent les tables. _____ ,

on accueille les clients dans notre cour. Ils achètent ce qui leur plaît

_____ ils rentrent chez eux, ravis de leurs trouvailles.

Vocabulaire

1 Découvre qui je suis.

VENTE DE GARAGE

a) Les gens me portent autour du cou. Je suis _____.

b) Les gens me portent aux pieds. Nous sommes _____.

c) Les gens me portent au doigt. Je suis _____.

d) Je couvre et protège le corps. Je suis _____.

e) J'ai 6 faces marquées de points. Je suis _____.

2 Inspire-toi des objets proposés ci-dessous, et dessines-en trois. Inscris leur nom.

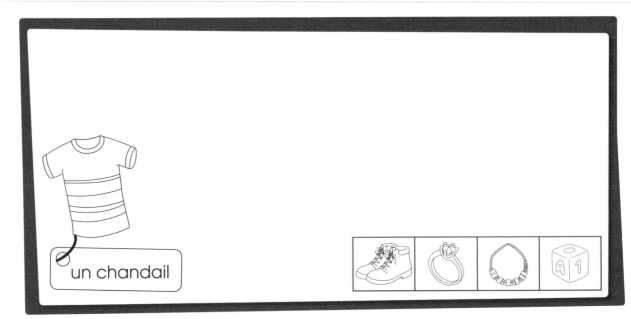

un chandail

1 Complète le tableau des sons avec les mots suivants.
Tu verras qu'un de ces mots peut aller dans deux colonnes !

tout   beaucoup   collier   suivante

maman   chaussure   grand   vente

Le son [o] *au, eau, o*	Le son [ã] *an, en*	Le son [u] *ou*
• _____	• _____	• _____
• _____	• _____	• _____
• _____	• _____	• _____
• _____	• _____	• _____

2 Tu connais d'autres mots qui ont ces sons. Ajoute-les dans le tableau de l'exercice 1.

3 Apprends par cœur l'orthographe des mots suivants.

une lampe

un banc

une photo

un seau

un pantalon

je il tu Conjugaison

1 Complète les phrases avec le verbe *aller* ou *dire*.

a) Clara _____ à la vente de garage.

b) Elles _____ dans les rues à la recherche de trouvailles.

c) Vous _____ bonjour à tout le monde.

> Aide-toi des tableaux de conjugaison pour réaliser ces exercices.

Aller	Dire
je vais	je dis
tu vas	tu dis
il va	elle dit
nous allons	nous disons
vous allez	vous dites
ils vont	elles disent

2 Complète les tableaux de conjugaison au présent.

Aller		Dire	
je	_____	_____ dis	
_____	vas	_____	_____
il	_____	elle	_____
_____	allons	_____	_____
_____	allez	_____	_____
ils	_____	_____	_____

1 Lis les phrases. Indique si elles ont du sens.

	oui	non
a) Karine a trouvé de beaux vêtements livres.	○	○
b) La vente-débarras a eu lieu samedi.	○	○
c) Circulaient à pied ou à bicyclette.	○	○
d) Ce t-shirt est trop petit pour moi.	○	○
e) Regardons nous journal dans.	○	○
f) Karine achète un sac et un bâton de hockey.	○	○
g) Maman les vêtements.	○	○
h) Les outils de papa sont dans le garage.	○	○
i) Jeu achète Karine un.	○	○

2 Recopie les phrases en séparant les mots.

a) Lavente-débarrasalieusamedi.

_____

_____

_____

_____

b) Karineatrouvédebeauxlivresetdesvêtements.

_____

_____

_____

_____

c) Lesgenscirculentàpiedouàbicyclette.

_____

_____

_____

_____

_____

Les abeilles

Les abeilles piquent pour se défendre. On ne doit pas les approcher quand elles travaillent.

Tu connais les abeilles ?

Bien sûr ! Mon oncle est apiculteur.

Api quoi ?

1 Lis le texte pour connaître la vie des abeilles, puis réponds aux questions.

L'abeille fait partie de la famille des insectes.
Elle a six pattes et son corps est divisé en trois parties :
la tête, le thorax et l'abdomen.

Il y a au moins 25 000 sortes d'abeilles dans le monde.
Les abeilles vivent en colonies (groupes) dans les ruches.
Elles travaillent ensemble pour entretenir la ruche et
produire le miel. Les abeilles fabriquent le miel à partir du
nectar des fleurs. Elles entreposent le miel dans la ruche.

Apiculteur : personne qui s'intéresse aux abeilles et qui les élève.

Abdomen : ventre.

Entreposent : déposent, installent.

Les abeilles ont des rôles différents.

LA REINE – Une seule reine gouverne la ruche. Elle a un corps plus long que les autres abeilles. Sa nourriture est la gelée royale. Elle pond jusqu'à 2 000 œufs par jour. La reine reste dans la ruche pendant quatre ou cinq ans.

LES FAUX BOURDONS – Ce sont les mâles. Ils sont quelques centaines dans chaque ruche. Leur seule tâche est de s'accoupler avec la reine qui pourra ensuite pondre des œufs.

LES ABEILLES OUVRIÈRES – Elles sont très nombreuses. Pendant leur vie (environ 45 jours), elles ont différentes tâches :

- **La nettoyeuse** : elle nettoie la ruche et les alvéoles.
- **La nourrice** : elle nourrit les larves de gelée royale.
- **La magasinière** : elle apporte du pollen et du nectar aux alvéoles. Elle aère aussi la ruche en battant des ailes.
- **La cirière** : elle construit les rayons avec la cire qui est dans son abdomen.
- **La sentinelle** : elle monte la garde devant la ruche pour empêcher les intrus d'entrer.
- **La butineuse** : elle recueille le pollen et le nectar des fleurs et les rapporte à la ruche.

Alvéoles : petits trous en cire creusés par les abeilles dans la ruche.

Larves : aspect des abeilles lorsqu'elles viennent de naître.

Nectar : liquide sucré que l'on trouve dans les fleurs et les feuilles.

Intrus : ceux qui essaient d'entrer quelque part sans y avoir été invités.

Le sais-tu ?
- L'apiculteur élève les abeilles et récolte leur miel.
- Il porte une combinaison claire et une coiffe avec un voile pour se protéger des abeilles.

2 Relis le texte et écris le nom du métier de chaque abeille ouvrière sous la bonne illustration.

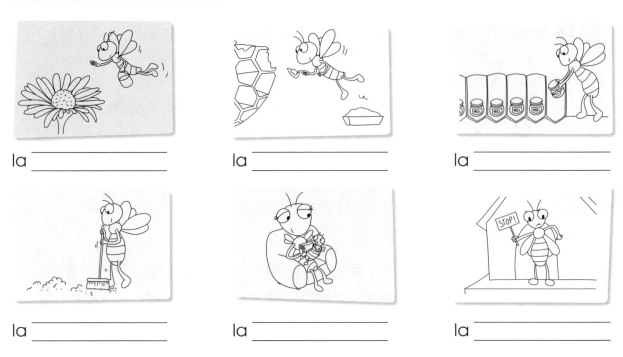

la _____   la _____   la _____

la _____   la _____   la _____

3 Réponds aux questions en faisant des phrases.

a) À quelle famille appartient l'abeille ?

_____

L'abeille _____ .

b) Combien y a-t-il de sortes d'abeilles dans le monde ?

_____

_____

c) Comment s'appelle un regroupement d'abeilles ?

_____

_____

d) Combien d'œufs la reine peut-elle pondre chaque jour ?

_____

_____

e) Quel est le nom du métier de la personne qui élève des abeilles ?

_____

_____

4 Qui suis-je ?

a) Je ponds des œufs et j'habite dans la ruche pendant quatre ou cinq ans.

Je suis _____ .

b) J'ai de nombreuses tâches à accomplir dans la ruche.

Je suis _____ .

5 Voici un message affiché sur le réfrigérateur.
Lis-le, puis entoure la bonne réponse.

> *Chère maman,*
>
> *Nous sommes partis avec la voisine acheter de la pommade à la pharmacie : le pauvre Alexis s'est fait piquer par une abeille au parc.*
>
> *Je reviens vite !*
>
> *XX*
>
> *Clara*

1 Clara a écrit ce message pour :

a) son papa   **b)** sa maman   **c)** Farfouille

2 Clara est partie :

a) à l'école   **b)** au parc   **c)** à la pharmacie

3 Clara va revenir :

a) rapidement   **b)** le lendemain   **c)** dans une semaine

Vocabulaire

1 Écris le nom de chaque partie du corps de l'abeille.

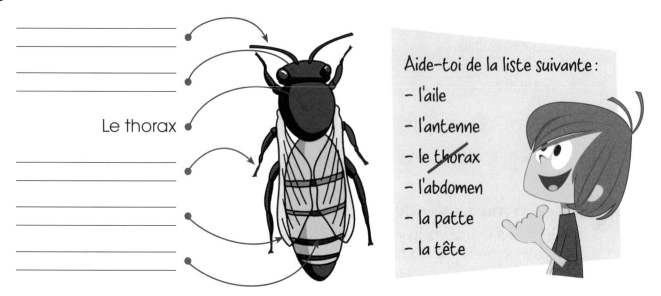

Le thorax

Aide-toi de la liste suivante :

- l'aile
- l'antenne
- ~~le thorax~~
- l'abdomen
- la patte
- la tête

2 Associe chaque mot à la bonne définition.

Personne qui élève les abeilles et qui récolte le miel

Substance que les plantes fabriquent pour se reproduire

Liquide sucré présent dans les fleurs

Rangées d'alvéoles d'une ruche

Groupe d'abeilles qui travaillent ensemble

- le pollen
- l'apiculteur
- les rayons
- la colonie
- le nectar

1 Lis à haute voix les mots suivants.

la abeille	le intérieur	la alvéole
le abdomen	le œuf	le hiver

a) Est-ce que ces mots sonnent bien à tes oreilles ? ◯ oui ◯ non

b) Remplace le *a* ou le *e* du déterminant par une apostrophe (').
Réécris le mot et relis-le.

la abeille ➡ l'abeille   le abdomen ➡ _____

le intérieur ➡ _____   le œuf ➡ _____

la alvéole ➡ _____   le hiver ➡ _____

2 Regroupe les mots qui ont la même lettre muette finale.
Écris les mots dans le tableau.

très   dard   grand   velours

beaucoup   faux   vent   corps

trois   différent   mielleux   intrus

Mots se terminant par une lettre muette		
... t _____ _____	... s _____ _____ _____ _____ _____	
... p _____	... x _____ _____	... d _____ _____

1 Complète les phrases en ajoutant le verbe *faire* conjugué au présent.

Aide-toi du tableau de conjugaison.

Faire
je fais
tu fais
il/elle fait
nous faisons
vous faites
ils/elles font

a) L'apiculteur _____ la récolte du miel.

b) Les abeilles ouvrières _____ différentes tâches dans la ruche.

c) Nous _____ une dégustation de miel.

d) Je _____ un gâteau au miel.

e) Tu _____ attention aux abeilles.

f) Vous _____ différentes variétés de miel.

2 Complète les légendes des photos en ajoutant le verbe *faire* conjugué au présent.

Farfouille _____ la grimace.

Nous _____ un gâteau au miel.

Les abeilles _____ le tour de la ruche.

1 Entoure les déterminants des groupes du nom en gras.
Souligne ensuite le mot qui accompagne le déterminant.

Un jour, **les abeilles de la famille Primevère**
décident de faire **la grève**. «Nous en avons
assez! Tous **les jours**, nous travaillons aussi dur
que **des fourmis**. Nous allons sans relâche,
de fleur en fleur, pour butiner **le nectar** avec
lequel nous fabriquons **notre miel**. Vous
récoltez le miel et vous vendez **des pots** dans
toute **la région**. Qu'avons-nous pour tous **nos efforts**?
Rien du tout! Nous ne voulons plus continuer ainsi.»
La famille Primevère réfléchit. Elle demanda au meilleur
spécialiste de construire **des ruches** modernes.

Quelques jours plus tard, **la reine** a **un canapé**
de velours rose. Les petites ouvrières ont **des
alvéoles** spacieux et confortables. Mais surtout,
tous les pots de miel portent une nouvelle étiquette:
«Merci aux abeilles de la famille Primevère».

Retrouve ce texte et d'autres histoires sur le site www.iletaitunehistoire.com

Le sais-tu?
Tu peux dire
une alvéole
ou un alvéole.

2 Relis le texte, puis écris
six groupes du nom au
singulier et six groupes
du nom au pluriel.

Singulier	Pluriel
déterminant + nom	déterminant + nom
• la famille	• les abeilles
• _____	• _____
• _____	• _____
• _____	• _____
• _____	• _____
• _____	• _____

Les arts martiaux

1 Lis le texte pour en savoir plus sur les arts martiaux, puis réponds aux questions.

Qu'est-ce que les arts martiaux ?

Le karaté(do), le judo et l'aïkido sont des arts martiaux d'autodéfense. Ces sports de combat sont d'origine japonaise.

Le karaté

Karaté signifie « mains vides ». Pour s'exercer et améliorer leurs mouvements, les élèves font des katas. Ces exercices sont surtout des blocages, des coups de poing et des coups de pied. Ceux qui font du karaté sont des karatékas. Ils portent un karatégi.

Karatédo: 空手道

L'aïkido

Aïkido signifie « voie de l'harmonie ». On doit se concentrer et bien observer son adversaire. Des mouvements souples et harmonieux font perdre l'équilibre à l'adversaire. Ceux qui font de l'aïkido sont des aïkidokas. Ils portent un aïkidogi.

On ne donne aucun coup.

Aïkido: 合気道

Le judo

Judo signifie «souplesse».
Le but est de jeter l'adversaire par terre
ou de le maintenir au sol. Les élèves font
des prises, tirent et poussent l'adversaire
pour qu'il perde l'équilibre. Ceux qui
font du judo sont des judokas. Ils portent
un judogi, une sorte de kimono.

Il est important d'apprendre
à tomber. En judo, on se
retrouve souvent au tapis !

Judo: 柔道

Les ceintures

On reconnaît le niveau de l'élève à la couleur
de la ceinture qu'il porte. Les débutants ont une
ceinture blanche puis, dans l'ordre, une jaune,
une orange, une verte, une bleue et une marron.
La ceinture noire est réservée aux experts.

Experts : qui ont atteint un bon niveau grâce à l'expérience.

Le sais-tu ?

- Les sportifs font des exercices d'échauffement
  avant les combats pour éviter les blessures.
- Ils font travailler tous leurs muscles.

2 Relis les titres de chaque paragraphe, puis trouve le nom des sports expliqués dans le texte.

a) _____

b) _____

c) _____

3 Comment s'appelle l'ensemble de ces sports de combat?

_____

_____

4 Où as-tu trouvé cette information?

_____

_____

5 Numérote de 1 à 7 le grade des ceintures:
1 étant le grade des débutants.

Je suis
un expert !

6 Réponds par *oui* ou par *non*. Relis le texte au besoin.

	oui	non
a) Le karaté, le judo et l'aïkido sont d'origine italienne.	◯	◯
b) La personne qui pratique le judo est un karatéka.	◯	◯
c) La personne qui pratique l'aïkido est un aïkidoka.	◯	◯
d) Le judoka porte un judogi.	◯	◯
e) Le judoka porte un aïkidogi.	◯	◯
f) Le karatéka peut choisir sa couleur de ceinture.	◯	◯
g) Il y a sept couleurs de ceintures.	◯	◯
h) Les débutants portent une ceinture orange.	◯	◯

7 Indique la signification de chaque sport.

le karaté •   • voie de l'harmonie

le judo •   • mains vides

l'aïkido •   • souplesse

8 Dessine l'idéogramme (écriture japonaise) de chaque sport.

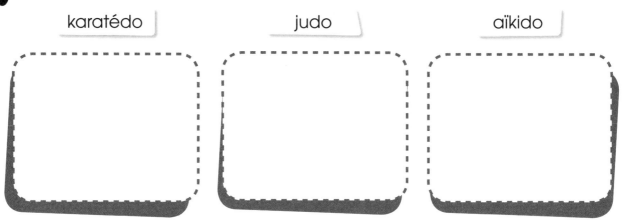

karatédo   judo   aïkido

Vocabulaire

1 Classe les mots suivants dans la bonne colonne. Ajoute le bon déterminant.

pied | compétition | tapis

ceinture | adversaire | sport

prise | mouvement | salle | main

Consulte le dictionnaire si tu hésites au sujet du genre d'un nom.

Mots au masculin	Mots au féminin
• _____	• _____
• _____	• _____
• _____	• _____
• _____	• _____
• _____	• _____

2 Complète le tableau en écrivant les mots correspondant à chaque thème.

hockey | expérience | chimie | mesure

judo | soccer | scientifique | tennis

Thème : sport	Thème : science
• _____	• _____
• _____	• _____
• _____	• _____
• _____	• _____

1 Entoure le mot bien orthographié dans chaque colonne. Essaie de faire cet exercice rapidement.

Ouvre l'œil !

spaure	compétitoin	tapis	sainture
soprt	compétission	tappis	cinture
sport	compétition	tapsi	ceinture
sprot	compétittion	tapid	ceintture

2 Retrouve le mot encadré dans chaque colonne. Entoure-le.

poing	ceinture	planche
pointe	peinture	planche
coin	teinture	franche
foin	ceinture	blanche
poing	teindre	tranche

3 Apprends par cœur l'orthographe des mots suivants.

la natation   loin   la main   la patinoire   plein

le toit   le froid   le pain   demain

1 Complète les phrases en conjuguant les verbes au présent.

a) Vous (être) **êtes** des champions en natation.

b) Nous (faire) _____ du sport en famille.

c) Il (aller) _____ à la piscine tous les jours.

Va à la page 18 de ton cahier pour revoir être et avoir ; à la page 26 pour revoir aimer ; à la page 42 pour revoir aller et dire, et à la page 50 pour revoir faire.

d) J' (avoir) _____ une nouvelle ceinture de judo.

e) Elles (aimer) _____ leur nouvel entraîneur de karaté.

f) Tu (dire) _____ que tu es le meilleur au judo.

g) Vous (faire) _____ du sport tous les jeudis.

h) Tu (être) _____ plus entraîné que moi.

2 Nomme le verbe par son infinitif.

a) Je **vais** encourager mon équipe.   C'est le verbe **aller**.

b) Elles **font** du karaté.   C'est le verbe _____.

c) Je **suis** le premier de ma catégorie.   C'est le verbe _____.

d) Tu **as** la ceinture bleue.   C'est le verbe _____.

e) Je **dis** bravo à tous.   C'est le verbe _____.

f) Vous **faites** de l'aïkido.   C'est le verbe _____.

1 Entoure le déterminant de chaque mot en majuscules.

Le code de politesse au judo

- **LA POLITESSE :** le respect d'autrui
- **LE COURAGE :** faire ce qui est juste
- **LA SINCÉRITÉ :** s'exprimer franchement
- **L'HONNEUR :** être fidèle à la parole donnée
- **LA MODESTIE :** parler de soi-même sans orgueil
- **LE RESPECT :** sans le respect, aucune confiance ne peut naître
- **LE CONTRÔLE DE SOI :** savoir se taire lorsque la colère monte
- **L'AMITIÉ :** le plus pur des sentiments humains

2 Souligne le verbe de chaque phrase, puis encadre-le par *ne... pas* ou *n'... pas.*

> Le verbe est le seul mot de la phrase qui peut être encadré par ne... pas ou n'... pas.

Ex. : Julie <u>porte</u> une ceinture jaune.

➡ Julie 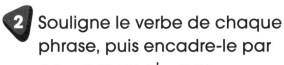 ne <u>porte</u> pas une ceinture jaune.

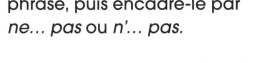

a) Alexis aime le karaté et le judo.

_____

_____

b) Le karaté, le judo et l'aïkido sont des arts martiaux.

_____

_____

_____

_____

c) Le sportif respecte son adversaire.

_____

_____

Jeux

Je joue avec les mots

Relis les trois poèmes des pages 20 et 21.

1 Relie les mots qui riment.

souris   auto   armoire   poisson   aquarium

abricot   pomme   poire   melon   kiwi

2 Dans le poème *Petite souris*, trouve deux mots qui finissent par la lettre muette *t*.

_____   _____

3 Dans le poème *En voyage*, trouve deux noms propres de lieux.

_____   _____

4 Complète le poème qui raconte les vacances de Farfouille.

Mes vacances

J'ai quitté ma _____

Pour aller prendre l' _____ .

Je suis arrivé sur la _____

Remplie de jolis _____ .

Je me suis baigné dans la _____

J'ai mis de la crème _____ .

J'ai pris de jolies _____

Et j'ai fait un tour en _____ .

RIO

5 Invente la dernière strophe en trouvant des rimes.

Les vacances, c'est déjà fini

_____

_____

_____

_____

_____

_____ .

6 Lis le poème de Farfouille, puis aide Clara à l'illustrer sur l'affiche.

Voici mon poème :

Sur le nez d'une souris
Ballon bleu, ballon gris
Sur le nez d'une souris
Se balance un ouistiti !

7 Entoure en rouge les 7 différences entre ces deux illustrations.

 **Jeux**

8 Entoure les adjectifs de couleur dans les phrases suivantes.

a) Il portait un pantalon bleu, une chemise blanche et un chapeau aux larges bords qui laissait flotter des rubans multicolores.

b) Il portait aussi un grand sac de soie rouge et des bottes brunes.

9 Colorie le marchand de sable avec les couleurs de ton choix puis complète les phrases.

a) Le pantalon est _____.

b) La chemise est _____.

c) Le sac est _____.

d) Les bottes sont _____.

e) Le chapeau est _____.

Jeux

10 Continue les dialogues de chaque scène et écris-les.

a) *Ce livre a l'air drôlement* _____ _____

b) *Waouh ! C'est le cadeau que je vais demander à mes* _____ _____

VENTE DE GARAGE

80$

c) *Cette grande table n'est pas* _____ _____

d) *Et en plus elle irait très bien dans notre* _____ _____

e) *Et que pensez-vous de ma jolie* _____ _____

30$

11 À l'aide du texte des pages 37 et 38 et des images ci-dessous, réponds par *vrai* ou *faux*.

	Vrai	Faux
a) La table coûte 35$.	○	○
b) Le bâton de hockey est jaune.	○	○
c) L'oiseau est rose.	○	○
d) Il y a deux arbres.	○	○
e) La maman va acheter la table.	○	○
f) Karine achète une bague et un collier.	○	○
g) Le tee-shirt de Karine est trop petit pour elle.	○	○
h) Il y a une photo dans le cadre.	○	○
i) *Vente de garage* et *vente-débarras* veulent dire la même chose.	○	○

Karine

12 Aide Clara à récupérer le pot de miel pour faire son gâteau.
Attention aux abeilles !

13 Mots croisés

Écris les mots correspondant aux définitions dans la grille.

1. Celle qui gouverne la ruche.

2. Le mâle chez les abeilles.

3. Les abeilles le fabriquent.

4. Là où vivent les abeilles.

5. Art martial qui signifie «souplesse».

6. Les arts martiaux viennent de ce pays.

7. Couleur de ceinture d'un expert.

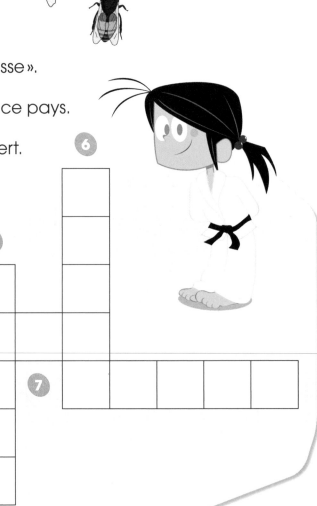

14 Mots cachés

a) Découvre les 8 mots qui se trouvent dans la grille et entoure-les.
Trouve le mot-mystère qui décrit la saveur d'une pomme.

C	S	D	E	L	J	T
O	U	I	E	T	U	R
M	C	F	M	A	S	E
P	R	R	M	R	C	S
O	E	U	O	T	I	S
T	N	I	P	E	P	E
E	E	T	U	S	E	D

POMME
COMPOTE
SUCRE
JUS
TARTE
DESSERT
FRUIT
PÉPIN

Mot-mystère : _ _ _ _ _ _ _ _ _ _ _

b) Découvre les 8 mots qui se trouvent dans la grille et entoure-les.
Trouve deux mots-mystères sur le monde des abeilles.

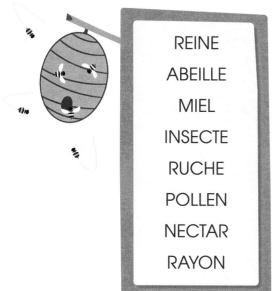

REINE
ABEILLE
MIEL
INSECTE
RUCHE
POLLEN
NECTAR
RAYON

R	E	I	N	E	A	P	I
A	I	C	U	L	P	T	N
Y	E	U	R	A	O	L	S
O	A	B	E	I	L	L	E
N	V	M	I	E	L	E	C
O	R	U	C	H	E	L	T
R	A	T	C	E	N	E	E

Mots-mystères : _ _ _ _ _ _ _ _ _ _ _ et _ _ _ _ _ _ _ _

15 Relie les lettres suivantes à la bonne étiquette.

| é | è | ê | ë |

meme   poesie   etre   ete   reve

noel   pere   poeme   theme

16 Résous la charade suivante.

Mon premier est un liquide extrait d'un fruit ou d'un légume.

_____

Mon deuxième est l'une des syllabes de *dodo*.

_____

Mon troisième est la 11ᵉ lettre de l'alphabet.

_____

Mon tout est le nom de celui qui pratique un sport de combat qui signifie « souplesse ».

_____

17 Complète les phrases en choisissant le mot qui convient.

et • est

a) Ce poème _____ facile à apprendre.

pomme • pommes   bonnes • bonne

b) Les _____ du verger sont _____ .

allons • allont

c) Nous _____ à une vente de garage.

inssectes • insectes

d) L'abeille appartient à la famille des _____ .

ceinture • seinture

e) Les experts ont une _____ noire.

18 Trouve les deux mots intrus. Entoure-les.

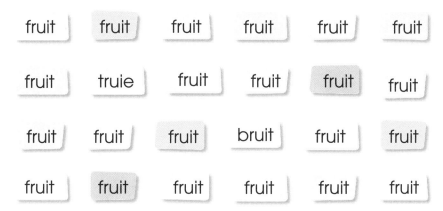

fruit | fruit | fruit | fruit | fruit | fruit

fruit | truie | fruit | fruit | fruit | fruit

fruit | fruit | fruit | bruit | fruit | fruit

fruit | fruit | fruit | fruit | fruit | fruit

19 Complète les phrases en ajoutant des verbes.

a) J'aime _____ des pommes.

b) Je vais ___Jouer___ dehors.

c) Il est tard, c'est l'heure de _____ .

d) Il est 7 heures, c'est l'heure de _____ _____ .

20 Ces mots ont perdu leur lettre muette.
Complète les mots avec la bonne lettre.

| t | s | p | x | e |

le ju__S__

le spor__

le boi__

le ven__

la joi__

le lou__P__

un desser__

délicieu__

le cham__

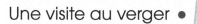

21 Retrouve les mots.

a) _____ abeilles butinent toutes les fleurs autour de _____ maison.

b) _____ apiculteur récolte le miel.

c) _____ compétition de judo est terminée.

d) Julie vient d'avoir _____ ceinture orange.

22 Relie chaque illustration au titre de l'unité correspondante.

Une visite au verger •

Les arts martiaux •

Les abeilles •

Le marchand de sable •

La vente de garage •

Souviens-toi !

MATHÉMATIQUE

Arithmétique
Géométrie
Mesure
Statistique
Probabilité
Problèmes
Jeux

Des colliers et des perles

1 Clara a fait tomber sa boîte de colliers.
Compte les perles de chaque collier. Écris le résultat au bon endroit.

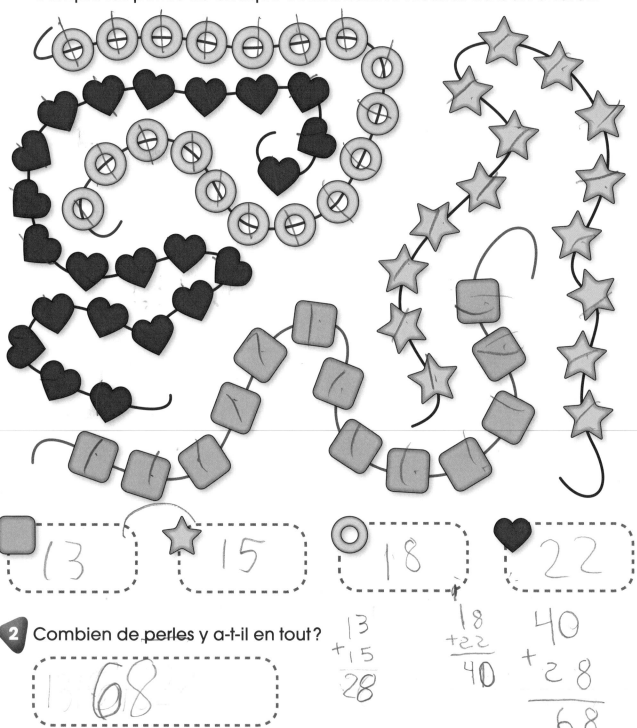

■ 13   ★ 15   ○ 18   ♥ 22

2 Combien de perles y a-t-il en tout?

68

$$\begin{array}{r} 13 \\ + 15 \\ \hline 28 \end{array}$$

$$\begin{array}{r} 18 \\ + 22 \\ \hline 40 \end{array}$$

$$\begin{array}{r} 40 \\ + 28 \\ \hline 68 \end{array}$$

Encore des perles

Regroupe les perles en paquets de 10. Écris le nombre total
de perles de chaque sorte.

a) 21

b) 37

c) 10 20 30 40   40

d) 10 20 30 40 50   52

e) 10 20 30 40 50 8   58

f) 10   20   30 40 50 60   64

Aide-moi à faire
des paquets de 10!

La bibliothèque

Alexis cherche des livres à la bibliothèque.
Écris les cotes qui manquent sur les livres.

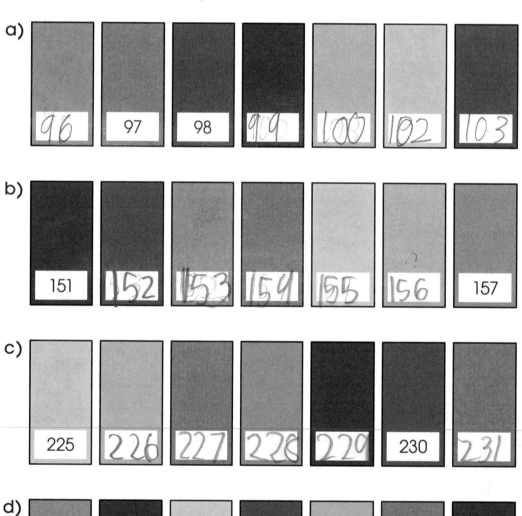

a) 96 | 97 | 98 | 99 | 100 | 102 | 103

b) 151 | 152 | 153 | 154 | 155 | 156 | 157

c) 225 | 226 | 227 | 228 | 229 | 230 | 231

d) 542 | 543 | 544 | 545 | 546 | 547 | 548

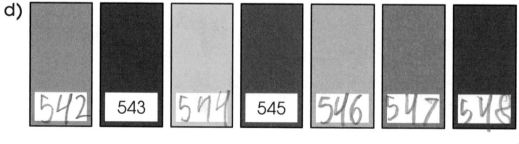

J'ai besoin des livres 100, 156, 226 et 546.
Ils ont une particularité. Laquelle?

Les Futés • 2e année

Centaine, dizaine et unité

Clara joue trois parties de Scrabble. Représente ses points à chaque partie par des dessins dans le tableau : des plaques pour les centaines, des barres pour les dizaines et des cubes pour les unités.

Points par partie	Centaines	Dizaines	Unités
86		⎮⎮⎮⎮⎮⎮⎮⎮	⦁ ⦁ ⦁ ⦁ ⦁ ⦁
165	▦	⎮⎮⎮⎮⎮⎮	⦁ ⦁ ⦁ ⦁ ⦁
234	▦ ▦	⎮⎮⎮	⦁ ⦁ ⦁ ⦁

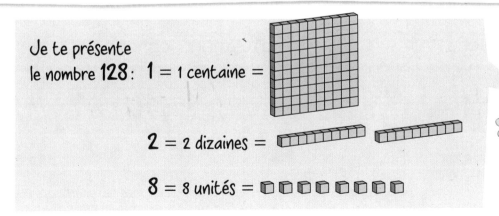

Je te présente le nombre **128** : **1** = 1 centaine =

2 = 2 dizaines =

8 = 8 unités =

128

Combien ça coûte ?

1 Aide Clara à calculer le coût de chaque activité.

a) Ski : 35 $

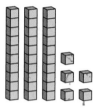

b) Patin : 15 $

10 + 1 + 1 + 1 + 1 + 1

c) Glissade : 25 $

2 dizaines et 5 unités

d) Cinéma en famille :

50 $

10 + 10 + 10 + 10 + 10

e) Fin de semaine au Carnaval : 425 $

23

Tu peux décomposer le nombre 23 de plusieurs façons :

• l'addition : 10 + 10 + 1 + 1 + 1 ;

• le dessin :   ;

• les mots : 2 dizaines et 3 unités.

2 Représente le coût de chaque aimant d'une façon différente.

a) Aimant vache : 99 ¢

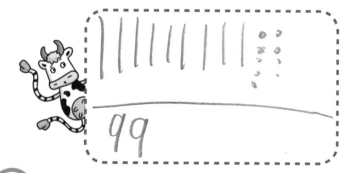

99

b) Aimant cochon : 70 ¢

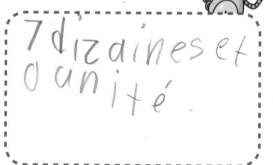

7 dizaines et 0 unité

C'est équivalent

1 Complète les égalités.

a) 3 dizaines + 4 unités = 34

10 + __10__ + __10__ + 1 + __1__ + __1__ + __1__

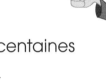

C'est équivalent **veut dire** c'est pareil.

b) __3__ unités + __6__ dizaines = 63
6 dizaines + 3 unités

c) 100 + 100 + 100 + 20 + 4 = 324
__4__ unités + __2__ dizaines + __3__ centaines

d) 2 centaines + 1 dizaine + 5 unités = 215

e) 86 = __8__ dizaines + 6 __unités__

2 Complète l'équivalence en écrivant une équation sur l'autre plateau de la balance. Choisis la représentation que tu préfères.

a)
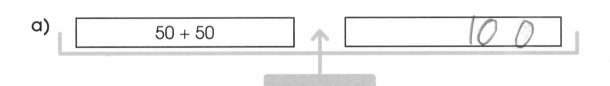

| 50 + 50 | ↑ | 100 |

b)

| 100 – 20 | ↑ | 80 |

c)
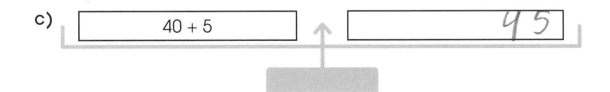

| 40 + 5 | ↑ | 45 |

Mathématique • Arithmétique

Des vainqueurs aux olympiades

1 Alexis et Kim participent aux olympiades. Compare leurs résultats à l'aide des symboles <, = ou >.

Saut en hauteur

Essais	Résultats (en points)
1	48 < 54
2	128 < 232
3	74 > 62
4	140 > 118
5	92 = 92

Saut en longueur

Essais	Résultats (en points)
1	605 < 615
2	101 = 101
3	64 > 46
4	210 < 522
5	900 > 90

2 Voici les numéros des gagnants de l'épreuve de course.
Entoure le plus grand numéro de dossard pour chaque course.

Course 1   232   144   79

Course 2   125   115   135

Course 3   678   518   479

Bingo!

Remplis les cartes de bingo en suivant les instructions.

1 Grille 1 – Sous chaque lettre, place les nombres en ordre croissant.

B : 10, 5, 2, 14, 7

I : 28, 17, 21, 30, 19

N : 32, 40, 38, 44

G : 47, 55, 60, 49, 57

O : 61, 70, 72, 68, 64

✂

B	I	N	G	O
2	17	32	47	61
5	19	38	4a	64
7	21	⭐⭐⭐⭐	55	68
10	28	40	57	70
14	30	49	60	72

2 Grille 2 – Sous chaque lettre, place les nombres en ordre décroissant.

Découpe soigneusement les grilles. Va à la page 126 pour faire une partie de bingo avec un ami !

✂

B	I	N	G	O
15	29	42	58	75
12	25	41	52	74
9	22	⭐⭐⭐⭐	50	69
4	18	35	48	63
1	16	34	46	62

B : 1, 12, 4, 15, 9

I : 16, 25, 22, 18, 29

N : 41, 34, 35, 42

G : 52, 58, 48, 50, 46

O : 75, 63, 62, 74, 69

Sur la cible

1 Alexis joue aux fléchettes. Colorie les régions touchées par les fléchettes, selon les indications suivantes.

a) Colorie les nombres pairs en vert.

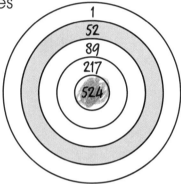

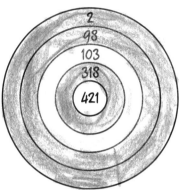

b) Colorie les nombres impairs en jaune.

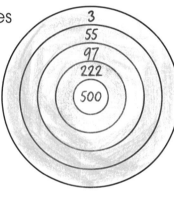

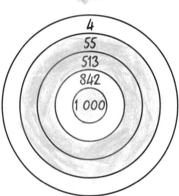

2 Suis les étapes dans l'ordre. Le nombre qui reste est la quantité de souris que Farfouille a dans sa collection.

a) Fais un ✗ sur les nombres plus petits que 50.

b) Entoure les nombres qui ont un 0 à la position des unités.

c) Barre les nombres pairs.

d) Fais un ✗ sur les nombres qui ont plus d'unités que de dizaines.

e) Entoure le nombre qui a 4 dizaines, 1 unité et 3 centaines.

Farfouille a ___70___ souris dans sa collection.

Une tempête de flocons

Clara et Alexis s'amusent à compter les flocons qui tombent.
Estime le nombre total de flocons. Ensuite, compte les flocons.

a) Estimation du nombre de flocons : 65

b) Nombre réel de flocons : 62

N'oublie pas de regrouper les flocons par paquets de 10. Tu pourras les compter plus facilement.

Alexis prend sa part

1 Alexis adore la pizza. Colorie les portions de pizza qu'il a mangées ces derniers mois.

a) Il a mangé le quart d'une pizza en janvier. $\frac{1}{4}$

b) Il a mangé les deux tiers d'une pizza en février. $\frac{2}{3}$

c) Il a mangé les trois quarts d'une pizza en mars. $\frac{3}{4}$

d) Il a mangé la moitié d'une pizza en avril. $\frac{1}{2}$

2 Farfouille range ses souris. Indique la place qui reste dans chaque boîte en entourant la bonne fraction.

a)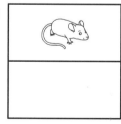
$\boxed{\frac{1}{4}}$ $\quad$ $\frac{1}{3}$
$\frac{3}{4}$

c)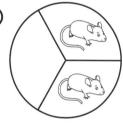
$\frac{2}{3}$ $\quad$ $\boxed{\frac{1}{3}}$
$\frac{1}{2}$

b)
$\frac{3}{4}$ $\quad$ $\frac{2}{3}$
$\frac{1}{4}$ $\quad$ $\boxed{\frac{1}{2}}$

d)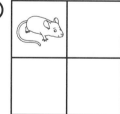
$\frac{1}{4}$ $\quad$ $\frac{1}{2}$
$\boxed{\frac{3}{4}}$ $\quad$ $\frac{2}{3}$

Addition ou soustraction?

Dans chaque problème, indique si tu dois faire une addition ou une soustraction. Écris la phrase mathématique.

1 Clara a 24 perles rouges et bleues pour faire un collier. Elle a 15 perles rouges. Combien a-t-elle de perles bleues?

○ Addition
◐ Soustraction

Phrase mathématique: $24-15=9$

2 En septembre, Alexis est dans une classe de 30 élèves. En décembre, 2 élèves changent d'école. Combien d'élèves reste-t-il dans la classe d'Alexis?

○ Addition
✗ Soustraction

Phrase mathématique: $30-2=48$

3 Farfouille a bu 3 bols de lait samedi et 4 bols de lait dimanche. Combien de bols de lait a-t-il bus pendant la fin de semaine?

⊘ Addition
○ Soustraction

Phrase mathématique: $4+3=7$

4 Ton cahier d'exercices de mathématique a 56 pages. Tu termines les exercices de la page 40. Combien de pages te reste-t-il à faire?

○ Addition
✗ Soustraction

Phrase mathématique: $56-1=55$

• Lis le problème 2 fois.
• Souligne la question.
• Résous le problème et vérifie ta réponse.

Des activités bien calculées

**Réponds à chaque question en faisant des calculs ou des dessins.
Écris la phrase mathématique.**

1 Le samedi, Alexis fait 2 heures de hockey l'après-midi. Le dimanche, il joue au tennis pendant 1 heure le matin, lit pendant 2 heures l'après-midi et nage pendant 1 heure en soirée. Combien d'heures d'activité physique fait-il pendant sa fin de semaine?

Voici ma démarche (calculs ou dessins)

$$2+2+1+1=6$$

- Phrase mathématique : $2+2+1+1 = 6$

- Réponse : Alexis fait _6_ heures d'activité physique.

2 Clara a 50 $ pour magasiner. Elle achète un chandail à 8 $, une casquette à 15 $ et des souliers à 22 $.
Combien d'argent lui reste-t-il après ces achats?

Voici ma démarche (calculs ou dessins)

$$\begin{array}{r} 50 \\ -\ 45 \\ \hline 5 \end{array}$$

- Phrases mathématiques : $50 - (8+15+22 = 45) = 5$

- Réponse : Il reste _5_ $ à Clara.

Des calculs de tous les jours

**Réponds à chaque question en faisant des dessins ou des calculs.
Écris la phrase mathématique.**

1 Clara et Alexis vont à la crèmerie 4 soirs cette semaine. Clara prend toujours un cornet à une boule et Alexis prend chaque soir une boule de plus que Clara.

- Combien de boules de crème glacée Clara mange-t-elle cette semaine?

- Combien de boules de crème glacée Alexis mange-t-il cette semaine?

Traces de mes démarches (calculs ou dessins)

Clara   Alexis

- Phrases mathématiques :

Clara _____   Alexis _____

- Réponses : Clara a mangé _____ boules de crème glacée

et Alexis en a mangé _____ .

2 Clara veut faire 4 colliers contenant un nombre égal de perles.
Elle a 36 perles. Combien de perles chaque collier contiendra-t-il?

Traces de ma démarche (calculs ou dessins)

- Phrase mathématique : _____

- Réponse : Chaque collier contient _____ perles.

Mémoire et rapidité

 Alexis joue avec Clara. Fais les opérations demandées sur ses cartes éclair.

5 + 5 = 10

12 + 7 = 19

18 + 2 = 20

9 − 6 = 3

12 − 4 = 8

15 − 7 = 8

13 + 7 = 20

14 + 2 = 16

8 + 8 = 16

9 − 9 = 0

11 − 5 = 6

16 − 8 = 8

7 + 7 = 14

7 + 8 = 15

Mathématique • Arithmétique

Des équations équivalentes

1 Écris deux équations équivalentes à chaque addition.

a) 10 + 4 = 14	_7_ + _7_ = 14	_19_ – _5_ = 14
b) 51 + 1 = 52	_50_ + _2_ = 52	_53_ – _1_ = 52
c) 20 + 8 = 28	_23_ + _5_ = 28	_30_ – _2_ = 28

2 Écris V si les égalités sont vraies et F si elles sont fausses.

a) 10 + 3 = 16 – 3   V

c) 2 + 5 = 7 + 0   V

b) 40 + 8 = 12 + 12   F

d) 10 – 4 = 10 – 8   F

3 Estime à la dizaine près le résultat de chaque addition.

a) 12 + 12 = _20_

b) 50 + 24 = _70_

c) 43 + 43 = _90_

d) 25 + 30 = _60_

- 43 arrondi à la dizaine près devient 40, car 3 est plus petit que 5.
- 26 arrondi à la dizaine près devient 30, car 6 est plus grand que 5.
- 25 arrondi à la dizaine près devient 30.

Le parcours

Sois le premier à atteindre la case **Arrivée**!

Matériel: des pions et un dé.

Règles du jeu: • Mets les pions sur la case **Départ**.

- À ton tour, lance le dé et avance selon le chiffre indiqué.
- Résous l'addition ou la soustraction, ou fais ce qui est inscrit dans la case.
- Si tu donnes la bonne réponse, reste sur la case et attends le prochain tour.
- Si tu donnes une mauvaise réponse, retourne à la case où tu étais avant.
- Le gagnant est le premier joueur qui atteint la case **Arrivée**.

Nous adorons ce jeu de calcul mental.

Moi aussi!

| ★ ARRIVÉE | 11 + 11 = ? | 10 − 10 = ? | 15 + 3 = ? | Passe ton tour. |

| 9 − 1 = ? | 12 − 9 = ? | Va sur la case dont le résultat est 7. | 7 − 0 = ? | 5 + 11 = ? |

| Va sur la case dont le résultat est 3. | 10 + 10 = ? | 16 + 4 = ? | 15 − 5 = ? | 24 − 4 = ? |

| Joue encore. | 13 + 4 = ? | 8 − 2 = ? | 17 + 2 = ? | Passe ton tour. | 7 + 13 = ? |

| 8 − 4 = ? | 6 + 6 = ? | 18 − 3 = ? | 2 + 14 = ? | ★ DÉPART |

À toi de calculer

1 Résous les opérations.

a)
```
      12
 +    13
```

d)
```
      45
 +    31
```

g)
```
      78
 +    21
```

b)
```
      65
 -    22
```

e)
```
     324
 +   231
```

h)
```
     458
 -   322
```

c)
```
     143
 -    11
```

f)
```
     392
 -   161
```

i)
```
     154
 +   134
```

2 Entoure les résultats plus grands que 200.

Quand tu fais une addition ou une soustraction en colonne, additionne ou soustrais d'abord les unités, les dizaines, et ensuite les centaines.

Des nombres à retrouver

1 Replace chacun de ces nombres dans la bonne équation.
Colorie les deux intrus.

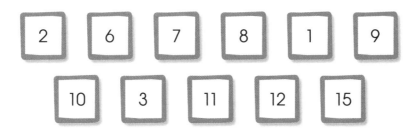

a) 18 + _____ = 20

b) 15 – _____ = 8

c) _____ – 0 = 10

d) 12 – _____ = 6

e) _____ + 4 = 12

f) 18 – _____ = 9

g) _____ + 8 = 20

h) _____ + 3 = 18

i) _____ – 5 = 6

2 Amuse-toi avec ta calculatrice !

a) 40 + 24 = _____

b) 62 + 18 = _____

c) 24 – 12 = _____

d) 50 – 42 = _____

e) 35 + 39 = _____

f) 25 + 23 + 34 = _____

g) 45 + 19 = _____

h) 55 – 6 = _____

Le plus rapide gagne. 1, 2, 3... partez !

Et après ?

Complète chaque suite. Puis, s'il y a lieu, écris la règle et dis si les nombres sont pairs ou impairs en cochant la bonne case.

a)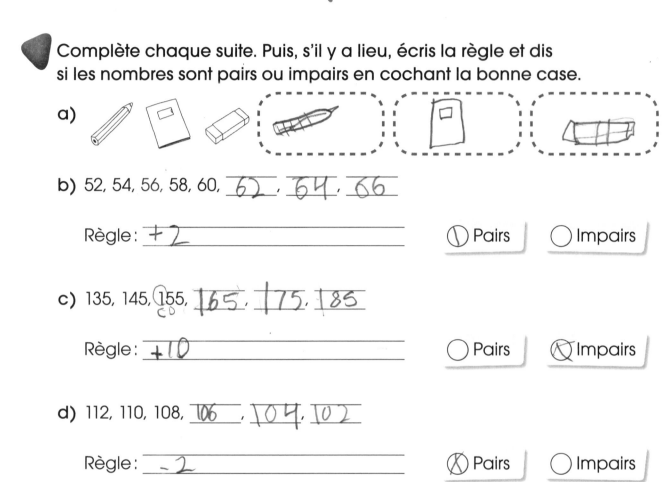

b) 52, 54, 56, 58, 60, _62_ , _64_ , _66_

Règle : _+2_   ① Pairs   ○ Impairs

c) 135, 145, 155, _165_ , _175_ , _185_

Règle : _+10_   ○ Pairs   ⊗ Impairs

d) 112, 110, 108, _106_ , _104_ , _102_

Règle : _-2_   ⊗ Pairs   ○ Impairs

e) Sou, chou, chat, sou, chou, _chat_ , _sou_ , _chou_

f) C, E, E, A, C, E, E, _A_ , _C_ , _e_ , _e_

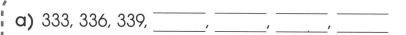

À la suite

1 Complète les suites en ajoutant 4 nombres.

a) 333, 336, 339, _____, _____, _____, _____

b) 70, 72, 74, _____, _____, _____, _____

c) 145, 143, 141, _____, _____, _____, _____

d) 250, 245, 240, _____, _____, _____, _____

e) 922, 926, 930, _____, _____, _____, _____

f) 25, 35, 45, _____, _____, _____, _____

g) 100, 92, 84, _____, _____, _____, _____

C'est ma suite préférée, elle est facile !

2 Invente des suites et demande à tes parents de trouver les règles.

a) _____, _____, _____, _____, _____, _____

Règle : _____

b) _____, _____, _____, _____, _____, _____

Règle : _____

c) _____, _____, _____, _____, _____, _____

Règle : _____

Géométrie

À droite, derrière...

1 Observe le dessin.

2 Complète les phrases avec les expressions ou les mots suivants.

à gauche   à droite   au milieu

sous   dans   derrière   au-dessus

a) Le bonhomme de neige à la tuque bleue est _____ du dessin.

b) L'oiseau rose est _____ du bonhomme de neige à la tuque rose.

c) Le bonhomme de neige à la tuque verte est _____ du bonhomme de neige à la tuque bleue.

d) Les arbres sont _____ les bonshommes de neige.

e) Il y a des branchages _____ les pattes de l'oiseau rose.

f) L'oiseau bleu est _____ du bonhomme de neige à la tuque verte.

g) Il y a des nuages _____ le ciel.

Qui est où ?

Observe le plan, puis réponds aux questions.

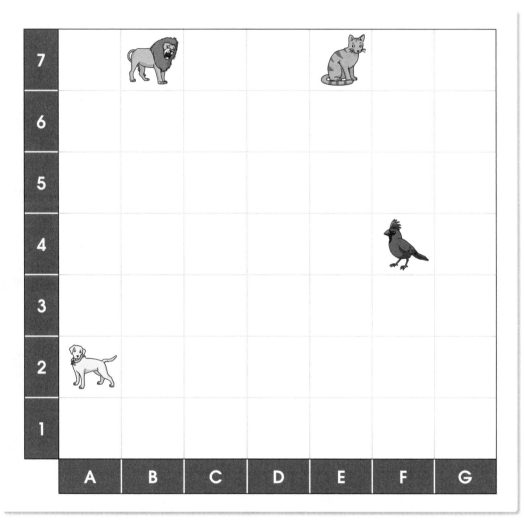

a) Quelle image est dans la case (A, 2) ? _____

b) Quelle image est dans la case (E, 7) ? _____

c) Dessine un cercle dans la case (B, 3).

d) Dessine une maison dans la case (D, 4).

e) Quelles sont les coordonnées de l'oiseau ? _____

f) Quelles sont les coordonnées du lion ? _____

Où est Farfouille ?

Complète les droites numériques. Indique au-dessus de quel nombre se trouve Farfouille.

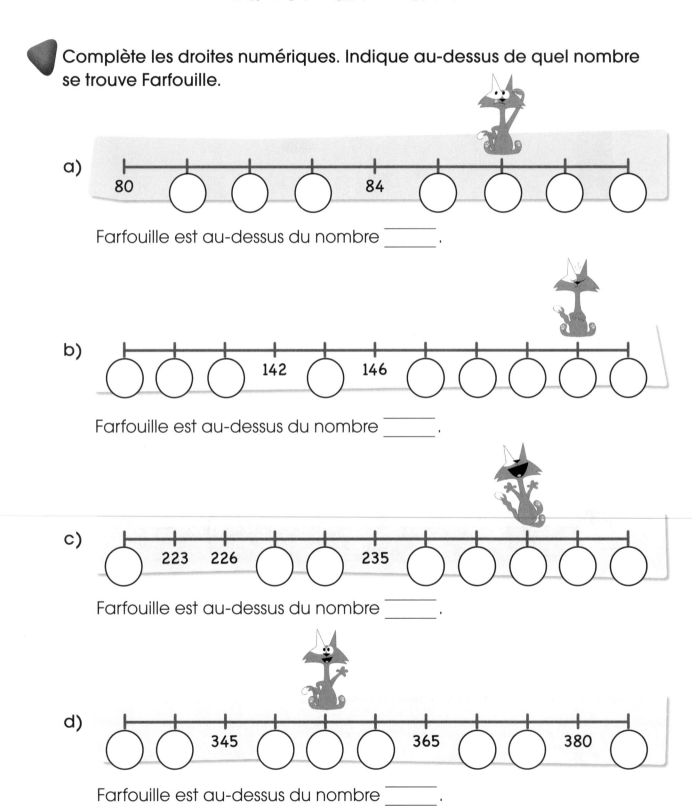

a)

80 ___ ___ ___ 84 ___ ___ ___ ___

Farfouille est au-dessus du nombre _____.

b)

___ ___ ___ 142 ___ 146 ___ ___ ___ ___ ___

Farfouille est au-dessus du nombre _____.

c)

___ 223 226 ___ ___ 235 ___ ___ ___ ___ ___

Farfouille est au-dessus du nombre _____.

d)

___ ___ 345 ___ ___ ___ 365 ___ ___ 380 ___

Farfouille est au-dessus du nombre _____.

Pareil, pas pareil...

1 Barre l'objet qui ne ressemble pas à ce solide :

2 Entoure les objets qui ressemblent à ce solide :

3 Entoure les objets qui ressemblent à ce solide :

4 Barre les objets qui ne ressemblent pas à ce solide :

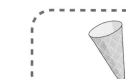

5 Entoure les objets qui ressemblent à ce solide :

Drôle de face

1 Relie chaque solide à ses faces.

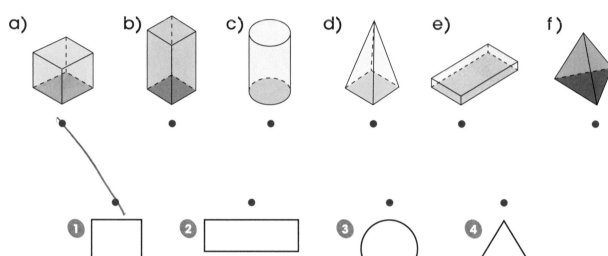

a)   b)   c)   d)   e)   f)

2 Ces solides ont-ils des faces planes, des faces courbes ou les deux ?

a) _____

e) _____

b) _____

f) _____

c) _____

Oups !
Quelle drôle
de face...

d) _____

À chacun son nom

1 Écris le nom de chaque solide sous la bonne illustration.
Sers-toi de la banque de mots pour t'aider.

une sphère	un cube	une pyramide
un cône	un prisme	un cylindre

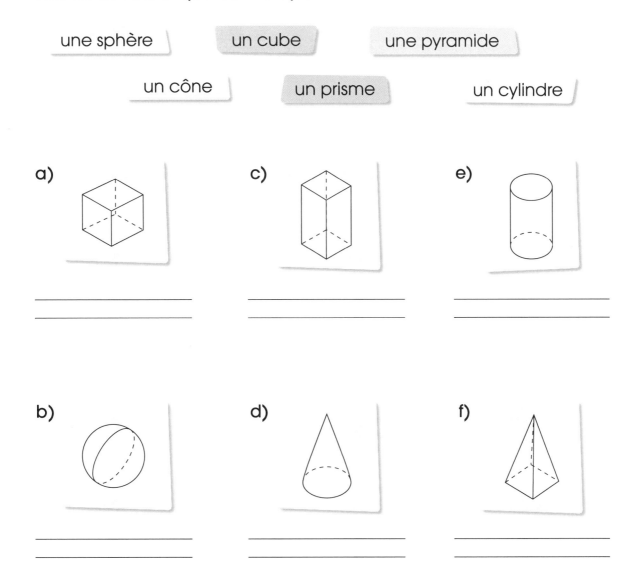

a) _____

c) _____

e) _____

b) _____

d) _____

f) _____

2 Colorie en bleu le solide qui peut seulement rouler.

3 Colorie en rouge les solides qui peuvent seulement glisser.

4 Colorie en vert les solides qui peuvent glisser et rouler.

 **Géométrie**

Qui suis-je ?

Joue aux devinettes. Trace un **X** dans le bon cercle.

a) J'ai 6 faces.
Mes 6 faces sont rectangulaires.
Je peux glisser.
Toutes mes faces sont planes.
Qui suis-je ?

○ le cube
○ le cône
○ le prisme

b) J'ai 4 faces.
Mes 4 faces sont triangulaires.
Je peux glisser.
Toutes mes faces sont planes.
Qui suis-je ?

○ le cylindre
○ la pyramide
○ la sphère

c) J'ai 6 faces.
Mes 6 faces sont carrées.
Je peux glisser.
Toutes mes faces sont planes.
Qui suis-je ?

○ le prisme
○ le cône
○ le cube

d) J'ai 5 faces.
J'ai 4 faces triangulaires et 1 face carrée.
Je peux glisser.
Toutes mes faces sont planes.
Qui suis-je ?

○ le prisme
○ la pyramide
○ le cylindre

J'ai 1 face, 4 pattes, des moustaches, 2 oreilles et j'aime dormir sous la tente !
Qui suis-je ?

Prismes ou pyramides?

 Associe les prismes et les pyramides à leur développement.

a)
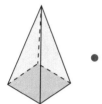

❶

b)
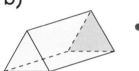

❷
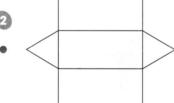

c)
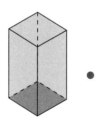

❸
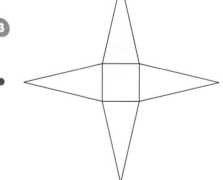

d)
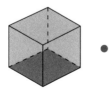

❹
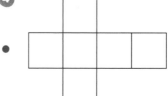

Mathématique • Géométrie

Ligne courbe, ligne brisée

1 Décris et nomme chaque figure.

a)
○ Ligne courbe
○ Ligne brisée
Nombre de côtés : _____
Nom : _____

d)
○ Ligne courbe
○ Ligne brisée
Nombre de côtés : _____
Nom : _____

b)
○ Ligne courbe
○ Ligne brisée
Nombre de côtés : _____
Nom : _____

e)
○ Ligne courbe
○ Ligne brisée
Nombre de côtés : _____
Nom : _____

c)
○ Ligne courbe
○ Ligne brisée
Nombre de côtés : _____
Nom : _____

> Toutes les lignes de ces figures sont fermées.

2 Complète chaque tableau.

Tableau des lignes courbes

Tableau des lignes brisées

Les suites logiques

1 Aide Clara à compléter les suites suivantes.

a)

b)

c)

d)

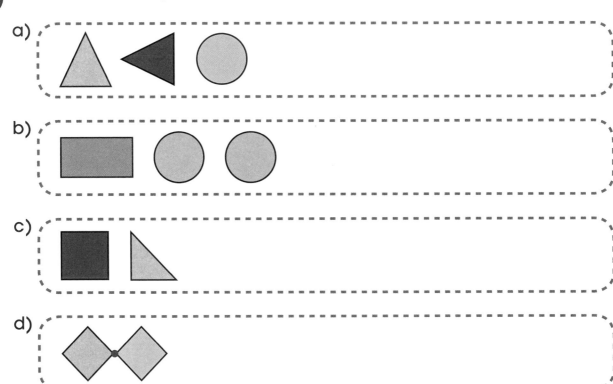

2 Crée un manteau pour Fripouille, l'ami de Farfouille.
Utilise les formes et les couleurs de ton choix.

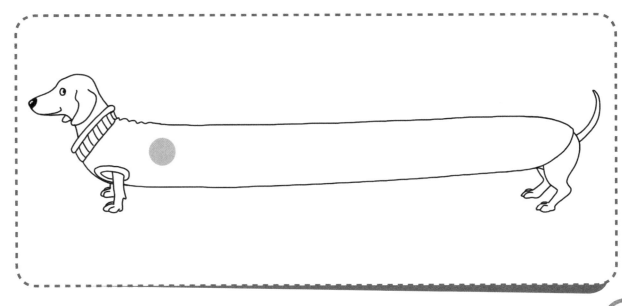

Mathématique • Géométrie

Plus grand, plus petit ?

Mesure chaque dessin dans le sens indiqué.

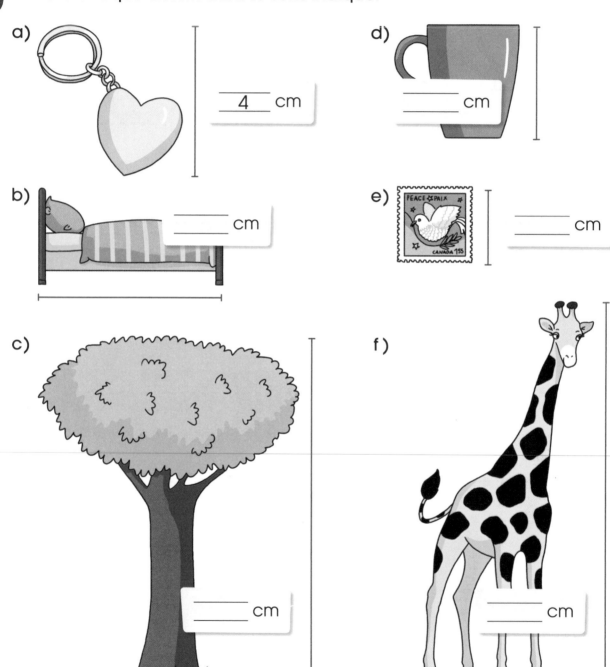

a) _4_ cm

d) _____ cm

b) _____ cm

e) _____ cm

c) _____ cm

f) _____ cm

- Quelle est la plus grande mesure sur cette page ? _____

- Quelle est la plus petite mesure sur cette page ? _____

Alexis compare des longueurs

1 Écris le symbole <, > ou = entre les deux mesures.

a) 1 m ⬭ 10 cm

b) 1 m ⬭ 100 cm

c) 3 m ⬭ 30 m

d) 30 cm ⬭ 3 dm

e) 5 dm ⬭ 6 dm

f) 7 m ⬭ 2 m

g) 35 cm ⬭ 40 cm

h) 26 m ⬭ 25 m

2 Complète le tableau en traçant des X aux bons endroits.

↱ est plus petit que	100 cm	5 m	30 m	32 cm	1 m	100 dm
3 m		X	X			X
50 cm						
28 m						
15 cm						
10 m						

Aide-toi de ce tableau pour comparer les longueurs.

1 m = 10 dm

1 m = 100 cm

1 m = 1 000 mm

m	dm	cm	mm
1	0		
1	0	0	
1	0	0	0

Clara prépare un plan

Aide Clara à compléter un plan de bataille navale en suivant les instructions.

Un ⬜ mesure 1 cm × 1 cm.

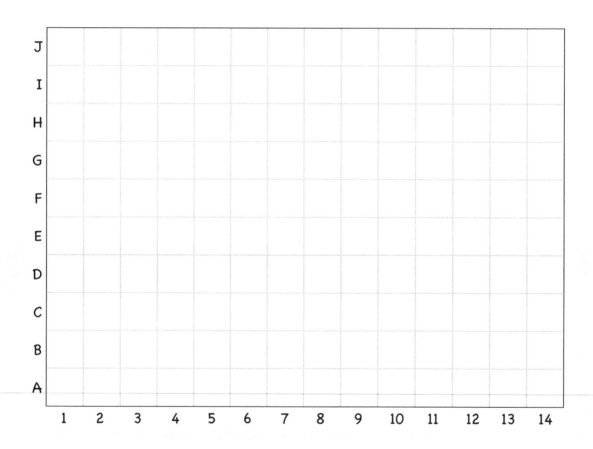

a) Trace un rectangle (▭) de 2 cm × 6 cm. Colorie-le en jaune.

b) Trace un carré (◻) de 5 cm × 5 cm. Colorie-le en orange.

c) Trace un carré (◼) de 4 cm × 4 cm. Colorie-le en rouge.

d) Trace un rectangle (▭) de 2 cm × 5 cm. Colorie-le en vert.

e) Écris *Bateau 1* dans le rectangle jaune.

f) Écris *Bateau 2* dans le rectangle vert.

g) Écris *Bateau 3* dans le carré orange.

h) Écris *Bateau 4* dans le carré rouge.

Vrai ou faux ?

Réponds par *vrai* ou *faux*.

	vrai	faux
a) Une maison mesure plus d'un mètre de large.	○	○
b) Une fleur a plus d'un mètre de hauteur.	○	○
c) La largeur de ta main dépasse un mètre.	○	○
d) La hauteur d'une table est d'environ un mètre.	○	○
e) Un chiot mesure plus de deux mètres de long.	○	○
f) On mesure une souris en centimètres.	○	○
g) On mesure une maison en décimètres.	○	○
h) On mesure une voiture en mètres.	○	○

Je mesure combien sur cette photo ?

Le calendrier

Observe le calendrier, puis réponds aux questions.

JANVIER
D	L	M	M	J	V	S
						1
2	3	4	5	6	7	8
9	10	11	12	13	14	15
16	17	18	19	20	21	22
23	24	25	26	27	28	29
30	31					

FÉVRIER
D	L	M	M	J	V	S
		1	2	3	4	5
6	7	8	9	10	11	12
13	14	15	16	17	18	19
20	21	22	23	24	25	26
27	28					

MARS
D	L	M	M	J	V	S
		1	2	3	4	5
6	7	8	9	10	11	12
13	14	15	16	17	18	19
20	21	22	23	24	25	26
27	28	29	30	31		

AVRIL
D	L	M	M	J	V	S
					1	2
3	4	5	6	7	8	9
10	11	12	13	14	15	16
17	18	19	20	21	22	23
24	25	26	27	28	29	30

MAI
D	L	M	M	J	V	S
1	2	3	4	5	6	7
8	9	10	11	12	13	14
15	16	17	18	19	20	21
22	23	24	25	26	27	28
29	30	31				

JUIN
D	L	M	M	J	V	S
			1	2	3	4
5	6	7	8	9	10	11
12	13	14	15	16	17	18
19	20	21	22	23	24	25
26	27	28	29	30		

JUILLET
D	L	M	M	J	V	S
					1	2
3	4	5	6	7	8	9
10	11	12	13	14	15	16
17	18	19	20	21	22	23
24	25	26	27	28	29	30
31						

AOÛT
D	L	M	M	J	V	S
	1	2	3	4	5	6
7	8	9	10	11	12	13
14	15	16	17	18	19	20
21	22	23	24	25	26	27
28	29	30	31			

SEPTEMBRE
D	L	M	M	J	V	S
				1	2	3
4	5	6	7	8	9	10
11	12	13	14	15	16	17
18	19	20	21	22	23	24
25	26	27	28	29	30	

OCTOBRE
D	L	M	M	J	V	S
						1
2	3	4	5	6	7	8
9	10	11	12	13	14	15
16	17	18	19	20	21	22
23	24	25	26	27	28	29
30	31					

NOVEMBRE
D	L	M	M	J	V	S
		1	2	3	4	5
6	7	8	9	10	11	12
13	14	15	16	17	18	19
20	21	22	23	24	25	26
27	28	29	30			

DÉCEMBRE
D	L	M	M	J	V	S
				1	2	3
4	5	6	7	8	9	10
11	12	13	14	15	16	17
18	19	20	21	22	23	24
25	26	27	28	29	30	31

Les saisons : Printemps ☀ Été ☀ Automne 🍁 Hiver ❄   Chalet ▢ Dentiste ▢ Vacances ▢

a) En quelle saison est-on au mois d'avril ?

_____

_____

b) Combien y a-t-il de samedis en avril ? _____

c) Combien y a-t-il de mois de 31 jours ? _____

d) Quel jour vient avant samedi ?

_____

_____

e) Entoure les jours suivants sur le calendrier : Noël, Halloween, ton anniversaire.

f) Quel jour Clara a-t-elle un rendez-vous chez le dentiste ?

_____

_____

C'est l'heure !

1 Quelle heure indique chaque horloge ?

a)

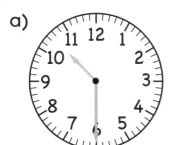

__10__ h __30__

c)

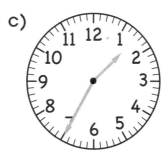

_____ h _____

e)

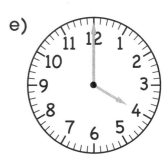

_____ h _____

b)

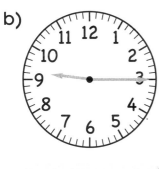

_____ h _____

d)

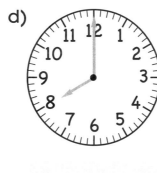

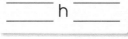

_____ h _____

f)

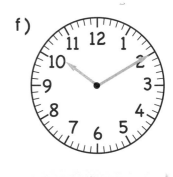

_____ h _____

2 Dessine la position des aiguilles à l'heure indiquée.

a)

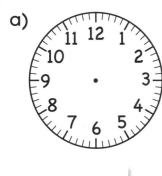

9 h 45

b)

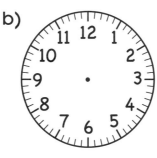

11 h 55

c)

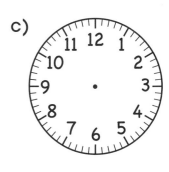

7 h 25

La vie de tous les jours

Complète chaque phrase par le bon mot. Tu peux utiliser plusieurs fois le même mot. Aide-toi de la liste ci-dessous.

minutes   heure   jours   semaine   mois   année

a) On fête l'Halloween chaque _____.

b) Le brossage d'un chien prend quelques _____.

c) Une grippe peut durer plusieurs _____.

d) 7 jours, c'est une _____.

e) Dans une _____, il y a 4 saisons.

f) Une année comprend 365 _____.

g) Le trajet pour aller de chez toi au cinéma

dure quelques _____.

h) Ton cours d'éducation physique

dure au moins une _____.

i) Dans une année, il y a 12 _____.

J'avale un poisson en une minute !

Clara et Alexis font des sondages

1 Clara a fait un sondage dans sa classe. Elle a obtenu les réponses suivantes.

chocolat	*vanille*	*chocolat*	*fraise*	*chocolat*	*vanille*
vanille	*chocolat*	*pistache*	*fraise*	*aucune*	*fraise*
pistache	*vanille*	*chocolat*	*chocolat*	*pistache*	*aucune*
fraise	*aucune*	*fraise*	*vanille*		

a) Quelle question Clara a-t-elle posée à ses amis ?
Entoure la bonne réponse :

- Quelle est ta saveur de crème glacée préférée ?
- Quelle couleur de peinture préfères-tu ?

b) Complète le tableau pour noter les réponses des élèves à la question de Clara.

Saveurs	Nombre d'élèves
_____ _____	6
Fraise	_____
_____ _____	_____
_____ _____	3
Aucune	_____
Total :	_____

c) Entoure en rouge la saveur la plus populaire.

d) Entoure en bleu la saveur la moins populaire.

J'aime la crème glacée au poisson.

2 Clara a fait un autre sondage auprès de ses amis en demandant à chacun quelle était sa sortie préférée. Observe le diagramme à bandes. Réponds ensuite aux questions.

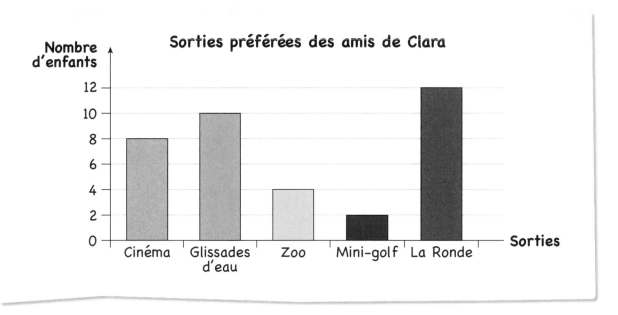

a) Quelle sortie est la plus populaire? _____

b) Quelle sortie est la moins populaire? _____

c) Combien de personnes préfèrent aller au zoo? _____

d) Combien de personnes préfèrent aller à La Ronde et aux glissades d'eau? _____

e) Combien de personnes Clara a-t-elle interrogées en tout? _____

3 Alexis aussi a fait un sondage auprès de ses amis. Observe le diagramme à pictogrammes à la page 117. Réponds ensuite aux questions.

a) Quel est le sport le plus populaire? _____

b) Quel est le sport le moins populaire? _____

c) Combien de personnes préfèrent le hockey? _____

d) Combien de personnes aiment jouer au tennis et au basket-ball? _____

e) Combien de personnes Alexis a-t-il interrogées en tout? _____

Sports préférés des amis d'Alexis

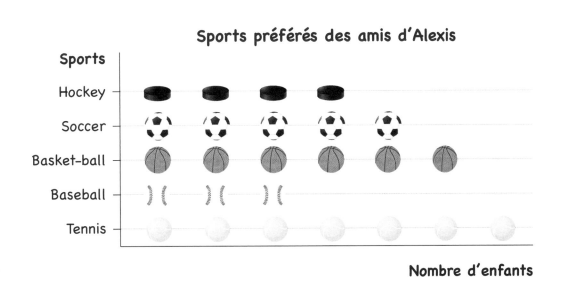

Sports

- Hockey
- Soccer
- Basket-ball
- Baseball
- Tennis

Nombre d'enfants

4 Complète le diagramme à bandes à partir des données du tableau de Clara (page 115).

> Pour t'aider, représente chaque saveur par une couleur différente.

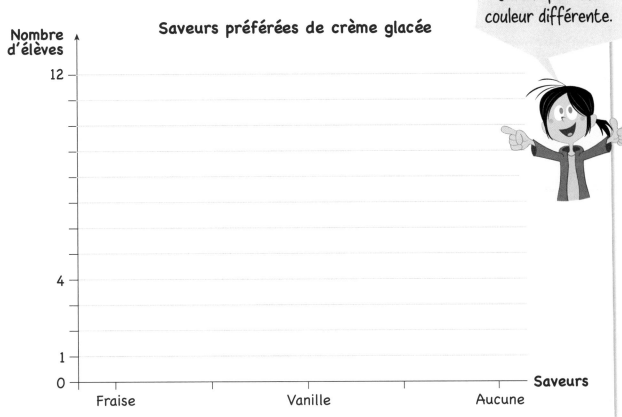

Saveurs préférées de crème glacée

Nombre d'élèves

12

4

1

0

Fraise   Vanille   Aucune

Saveurs

Probabilité

Certain, possible ou impossible ?

Clara et Alexis jouent aux dés. Lis les affirmations et entoure la bonne réponse.

a) En lançant deux dés, Clara obtient deux 4.

Certain   Possible   Impossible

b) En lançant trois dés, Alexis obtient des chiffres entre 1 et 6.

Certain   Possible   Impossible

c) En lançant quatre dés, Clara obtient au moins un 8 sur l'un des dés.

Certain   Possible   Impossible

d) En additionnant les points de deux dés, Alexis obtient une somme de 12.

Certain   Possible   Impossible

e) En lançant cinq dés, Clara obtient un nombre différent sur chaque dé.

Certain   Possible   Impossible

f) En lançant deux dés, Alexis obtient une somme de 1.

Certain   Possible   Impossible

g) En jouant aux dés, Alexis et Clara s'amusent.

Certain   Possible   Impossible

Impossible ?

À toi de jouer !

1 Prends un dé et suis les instructions.

Lance le dé 2 fois. Coche les résultats obtenus dans le tableau rouge. Recommence l'expérience, puis coche les résultats obtenus dans le tableau vert.

	Lancer 1	Lancer 2
⚀		
⚁		
⚂		
⚃		
⚄		
⚅		

	Lancer 1	Lancer 2
⚀		
⚁		
⚂		
⚃		
⚄		
⚅		

2 Réponds aux questions en cochant *vrai* ou *faux*.

a) Chaque fois que tu refais l'expérience, tu as des résultats différents.   ◯ vrai   ◯ faux

b) À chaque lancer, tu as plus de chances d'avoir un 6.   ◯ vrai   ◯ faux

c) À chaque lancer, tu as plus de chances d'avoir un 2.   ◯ vrai   ◯ faux

d) Tu as des chances égales d'avoir les nombres de 1 à 6.   ◯ vrai   ◯ faux

Des cadeaux pour Farfouille

1 Alexis est à l'animalerie. Il veut acheter un collier et un jouet, mais il hésite. Aide Alexis en complétant l'arbre. Il verra tous les choix possibles.

Voici les choix de colliers et de jouets :

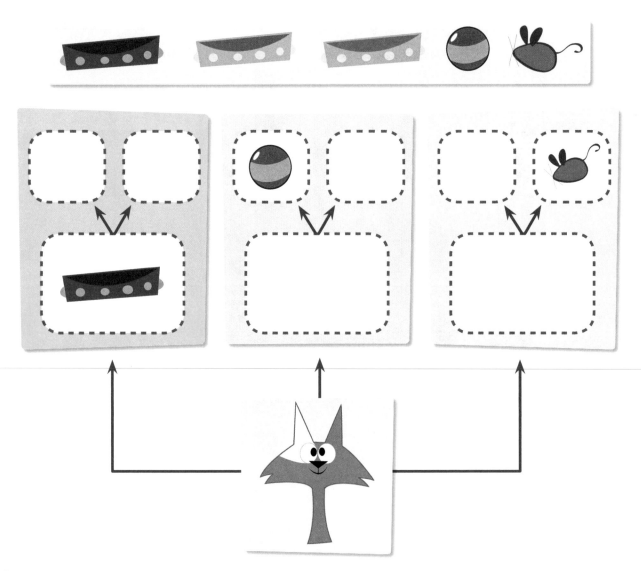

2 Combien de combinaisons (collier et jouet) Alexis peut-il faire ? _____

La fête de Clara

Clara fête son anniversaire avec ses amis. Elle invite 6 filles et 4 garçons. Elle prépare des sacs à surprises. Sa mère lui offre 20 $ pour acheter les objets à mettre dans les sacs.

1 Combien de sacs à surprises Clara doit-elle faire ?

Traces de ma démarche et phrase mathématique

Réponse : _____ sacs

2 Combien d'argent peut-elle dépenser pour remplir chaque sac ?

Traces de ma démarche et phrase mathématique

Réponse : _____ $

N'oublie pas que toutes les informations de la consigne sont importantes pour résoudre le problème.

Une sortie en luge

**Alexis a invité 9 amis à venir faire de la luge avec lui.
Arrivé sur les lieux, il voit des luges à 1 place, des luges à 2 places
et des luges à 4 places.**

Combien de luges de chaque sorte sont nécessaires si les 10 enfants doivent avoir une place et que toutes les sortes de luges doivent être utilisées ?

Traces de ma démarche

Réponse : Les élèves utiliseront _____ luges à 1 place, _____ luges à 2 places et _____ luge(s) à 4 places.

OU

Traces de ma démarche

Réponse : Les élèves utiliseront _____ luges à 1 place, _____ luges à 2 places et _____ luge(s) à 4 places.

Le drapeau du pays imaginaire

Clara fait un projet sur un pays imaginaire. Elle doit créer le drapeau de ce pays. Aide-la à dessiner ce drapeau en suivant les instructions.

a) Le drapeau doit contenir 4 formes géométriques différentes.

b) Une forme doit être présente dans chaque coin du drapeau.

c) Chaque forme doit être présente 3 fois sur le drapeau.

d) Pour colorier les formes, tu dois choisir 5 couleurs différentes.

e) Aucune forme ne doit avoir 2 fois la même couleur.

f) 2 formes identiques ne doivent pas être côte à côte.

Chaque chien à sa place

Chaque chien doit trouver son panier. Suis les instructions et remets chaque chien dans le bon panier en traçant une flèche.

a) Le chien blanc n'est pas dans le panier rouge.

b) Le chien noir est à côté du chien brun.

c) Le chien tacheté n'est pas dans le panier orange.

d) Le chien blanc est à côté du chien tacheté.

e) Le chien noir n'aime pas le rouge, mais aime le vert.

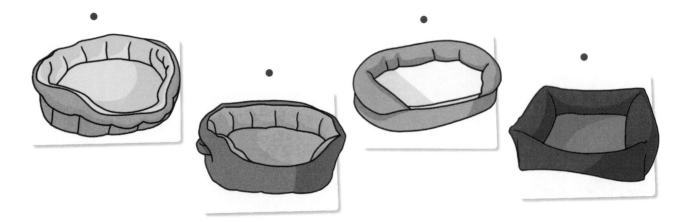

La météo

 Alexis a relevé les températures de la semaine du 15 juillet. Voici ses notes :

Lundi	Mardi	Mercredi	Jeudi	Vendredi

a) Quel a été le jour le plus chaud ? _____

b) Quel a été le jour le plus froid ? _____

c) La journée de jeudi a-t-elle été plus chaude que celle de vendredi ?

_____

_____

d) La journée de lundi a-t-elle été plus chaude que celle de mardi ?

_____

_____

e) Quelle est la différence de température entre la journée la plus chaude et la journée la plus froide ?

Traces de ma démarche et phrase mathématique

Réponse : _____ °C

Une partie de bingo

**Tu peux jouer avec un de tes amis et voir si la chance te sourit !
Chaque joueur a en main l'une des grilles de la page 83.**

1 Photocopie ou reproduis la grille ci-dessous.

2 Découpe soigneusement les cartes. Mélange-les.

3 Chaque joueur tire une carte au sort et lit à voix haute la lettre
et le numéro inscrits dessus.

4 Si ce nombre apparaît sur sa grille, il coche la case correspondante.

5 Le gagnant est le premier qui réussit à compléter une ligne horizontale,
verticale ou diagonale.

6 Si tu gagnes, n'oublie pas de crier *bingo* !

B 1	B 2	B 3	B 4	B 5	B 6	B 7	B 8
B 9	B 10	B 11	B 12	B 13	B 14	B 15	I 16
I 17	I 18	I 19	I 20	I 21	I 22	I 23	I 24
I 25	I 26	I 27	I 28	I 29	I 30	N 31	N 32
N 33	N 34	N 35	N 36	N 37	N 38	N 39	N 40
N 41	N 42	N 43	N 44	N 45	G 46	G 47	G 48
G 49	G 50	G 51	G 52	G 53	G 54	G 55	G 56
G 57	G 58	G 59	G 60	O 61	O 62	O 63	O 64
O 65	O 66	O 67	O 68	O 69	O 70	O 71	O 72
O 73	O 74	O 75					

Serpents et échelles

Prends un dé et 2 pions et joue à «Serpents et échelles» avec un ami.
Si tu ne réussis pas un défi inscrit sur le plateau de jeu, recule d'une case.

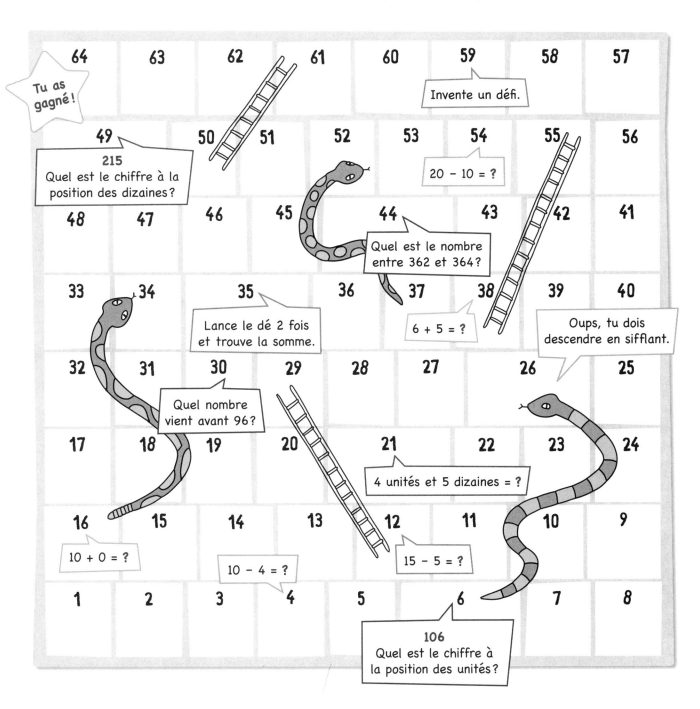

Mots mystères

**Pour chaque grille, colorie les nombres selon la consigne.
Ensuite, utilise les nombres qui restent pour trouver les mots.**

1 Colorie les nombres qui reviennent trois fois. Puis, forme un mot avec les nombres restants.

S 523	**B** 315	**O** 842	**A** 282	**L** 405
U 315	**K** 168	**D** 282	**C** 168	**X** 315
V 282	**E** 351	**Y** 168	**I** 178	**L** 444

Mot
_____

Chaque nombre correspond à une lettre.

2 Résous les équations et colorie les résultats plus grands que 7. Puis, forme un mot avec les nombres restants.

F	**A**	**R**	**F**	**P**
3 + 3 =	20 − 16 =	3 − 2 =	16 − 13 =	7 + 1 =
Z	**O**	**U**	**I**	**X**
10 + 10 =	10 − 4 =	6 + 0 =	10 − 7 =	4 + 4 =
L	**L**	**B**	**V**	**E**
10 − 5 =	18 − 16 =	8 + 1 =	30 − 20 =	1 + 1 =

Mot
_____

3 Résous les équations et colorie les résultats plus petits que 6. Puis, forme un mot avec les nombres restants.

V	**B**	**A**	**C**	**O**
8 + 1 =	3 + 2 =	6 + 4 =	10 + 2 =	9 − 5 =
I	**A**	**U**	**M**	**N**
5 + 0 =	6 + 6 =	4 − 3 =	12 − 8 =	8 + 8 =
C	**Y**	**E**	**S**	**P**
10 + 10 =	14 − 9 =	7 + 7 =	4 + 9 =	7 − 5 =

Mot
_____

Sudoku

1 Utilise les nombres de 1 à 4 pour compléter les cases.

a)

1		2	3
		4	1
	3		2

b)

4		2	
	3		1

2 Utilise les nombres de 1 à 6 pour compléter les cases.

a)

4		3		5	
	6		3		
2		4			5
	5		2		
		2		1	
5		1	4		2

b)

6		2			3
	4		5		2
2		6			
	3		6		1
3				5	
	2			1	6

L'arithmétique en images

Observe l'illustration, puis réponds aux questions.

a) Combien y a-t-il de poissons rouges de moins que de poissons jaunes ?

Réponse : _____

b) Combien y a-t-il de poissons en tout ?

Réponse : _____

c) Y a-t-il autant d'étoiles de mer que de poissons rouges ?

Réponse : _____

d) Combien d'animaux marins regardent vers la gauche ?

Réponse : _____

e) Combien y a-t-il de plantes vertes ?

Réponse : _____

f) La personne qui s'occupe de l'aquarium retire 6 poissons. Combien de poissons reste-t-il ?

Réponse : _____

g) Prochainement, deux dizaines de poissons blancs seront mis dans l'aquarim. Combien de poissons blancs y aura-t-il en tout ?

Réponse : _____

Un peu de magie

1 Complète le rectangle magique en utilisant les nombres 4, 5, 8, 9 et 12.

		10
14		
	6	13

La somme des nombres de chaque ligne, de chaque colonne et de chaque diagonale doit être égale à 27.

2 Complète le rectangle magique en utilisant les nombres 3, 5, 8, 9 et 11.

La somme des nombres de chaque ligne, de chaque colonne et de chaque diagonale doit être égale à 21.

10		6
	7	
		4

3 Complète les additions.

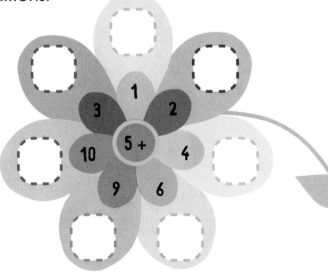

Les cartes de soccer

 Suis les instructions pour trouver le nombre de cartes de soccer que possède Alexis.

a) Colorie en rouge les nombres qui ont un 5 à la position des dizaines.

b) Colorie en bleu les nombres entre 342 et 350.

c) Colorie en vert les nombres qui sont plus petits que 100.

d) Colorie en jaune les nombres qui viennent après 453.

e) Colorie en orange les nombres qui ont 1 unité.

f) Colorie en rose les nombres pairs qui restent.

453	89	43	128	350
72	201	18	789	499
302	152	58	311	478
348	118	5	32	222
564	622	421	467	335
25	331	302	298	343

Je possède _____ cartes de soccer.

Qui a le code ?

Farfouille doit trouver le code pour ouvrir le coffre-fort de son ami Fripon. Aide-le à résoudre cette énigme.

- Le 1er chiffre est la moitié du dernier chiffre.

- Le 2e chiffre est trois fois le 4e chiffre.

- Le 3e chiffre est plus petit de 1 que le 1er chiffre.

- Le 4e chiffre est 2.

- Le 5e chiffre est la somme de 7 et 1.

Il faut bien relire les indications. Et surtout, il faut être patient !

Suis le guide

Trace le chemin qu'Alexis doit suivre pour aller à la pizzeria.
Il doit passer par toutes les cases dessinées.

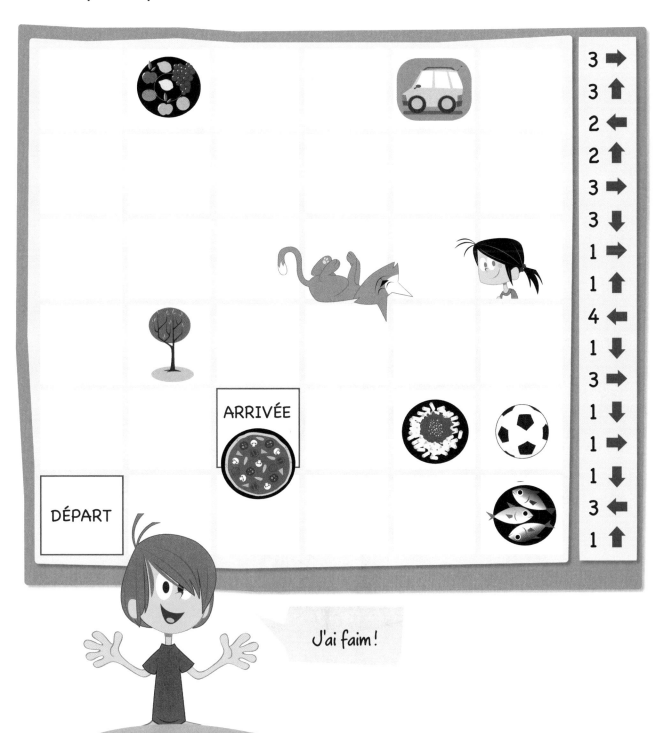

Jeux

Mandala

 Colorie le mandala selon le code de couleur indiqué dans l'image.

Sans problème

1 Alexis veut acheter des gâteries pour Farfouille. À l'animalerie, les friandises se vendent en sac de 5 gâteries ou en sac de 10 gâteries. De combien de sacs de chaque sorte Alexis aura-t-il besoin s'il veut acheter 55 friandises? Trouve deux solutions différentes.

a) _____ sac de 5 gâteries + _____ sacs de 10 gâteries.

b) _____ sacs de 5 gâteries + _____ sacs de 10 gâteries.

2 Observe l'illustration, puis réponds aux questions.

Émile attend ses amis pour pique-niquer.

a) Combien d'enfants y aura-t-il en tout? _____ _____

b) Combien d'enfants manque-t-il? _____ _____

c) Combien y a-t-il de baguettes? _____ _____

d) Combien y a-t-il d'animaux? _____ _____

e) Combien de verres manque-t-il? _____ _____

3 Farfouille est né le deuxième mois du printemps. De quel mois s'agit-il ?

Réponse : _____

4 Combien de mois commencent par la lettre J ?

Réponse : _____

5 Ajoute les signes + ou – pour que les équations soient justes.

a)   3 ◯ 2 ◯ 4 = 9

c)   6 ◯ 5 ◯ 3 = 8

b)   15 ◯ 4 = 11

6 Quels jours de la semaine contiennent le plus de lettres ?

Réponses : _____
_____

7 Clara lit 2 livres par semaine.
Combien de livres lira-t-elle en 5 semaines ?

Réponse : _____

8 Quelles formes complètent la suite ?

9 Combien y a-t-il de minutes dans 2 heures ?

Réponse : _____

Je viens de dormir 60 minutes.

10 Clara a reçu 12 bonbons.
Alexis est déçu parce qu'il a 5 bonbons de moins que Clara.

a) Combien de bonbons Alexis a-t-il eus ?

Réponse : _____

b) Combien de bonbons ont-ils eus en tout ?

Réponse : _____

11 Si le 18 janvier est un mardi, quel jour sera le 25 janvier ?
Tu peux t'aider du calendrier.

L	M	M	J	V	S	D
	18					

Réponse : _____

ANGLAIS

Greetings

▶ **Read the dialogues and have fun repeating them.**

Lis les dialogues et amuse-toi à les dire à voix haute.

Hi! I'm Tom.

Hello! I'm Erika. My friend and I would like to introduce you to our friends.

Hi, Alexis! How are you?

I'm fine, thank you.

Good afternoon, Clara! How are you today?

Very well, and you?

Good morning, Lea! How are you?

I'm great, thanks.

How are you today?

I am _happy_.

 happy

 sad

Tom's Family

Write the relationship according to the family tree.

Écris les liens de parenté en t'aidant de l'arbre généalogique.

grandmother	mother	father	brother	sister

grandfather	uncle	cousin	son	daughter	aunt

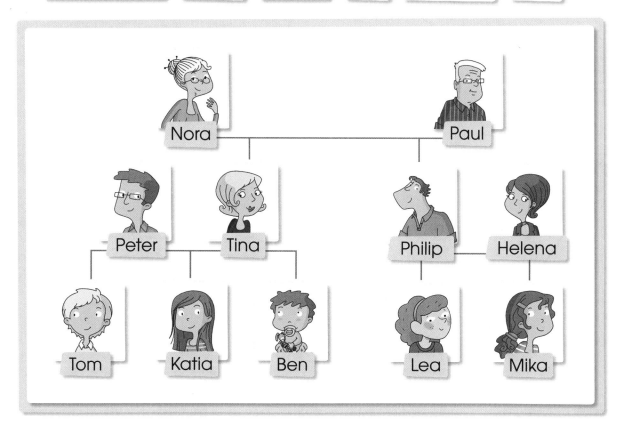

a) Tina is Philip's _ _ s _ _ r.

b) Philip is Paul's _ _ n.

c) Katia is Tina's
d _ _ _ _ _ _ _ .

d) Tom is Ben's b _ _ _ _ _ _ .

e) Helena is Katia's _ u _ _ .

f) Nora is Mika's
g _ _ _ _ _ _ _ _ _ _ _ .

g) Mika is Tom's _ _ _ _ _ _ n.

h) Peter is Lea's _ _ c _ _ .

Numbers

1 Match the word with the right number.

Relie le mot au bon nombre.

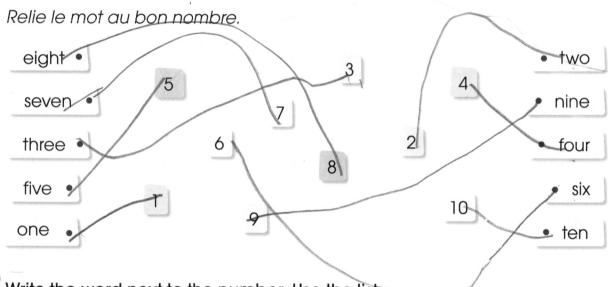

eight

seven

three

five

one

5

3

7

6

8

2

4

10

two

nine

four

six

ten

2 Write the word next to the number. Use the list.

Écris le mot à côté du nombre. Utilise la liste.

| eleven | thirteen | fourteen | sixteen | fifteen | eighteen |

| nineteen | twenty | twelve | seventeen |

a) e l e v e n   11

b) t w e l v e   12

c) t h i r t e e n   13

d) f o u r t e e n   14

e) f i f t e e n   15

f) s i x t e e n   16

g) s e v e n t e e n   17

h) e i g h t e e n   18

i) n i n e t e e n   19

j) t w e n t y   20

Colour Wonders

Colour the can of paint to match the paintbrush. Write the correct colour.

Colorie le pot de peinture comme le pinceau. Écris la bonne couleur.

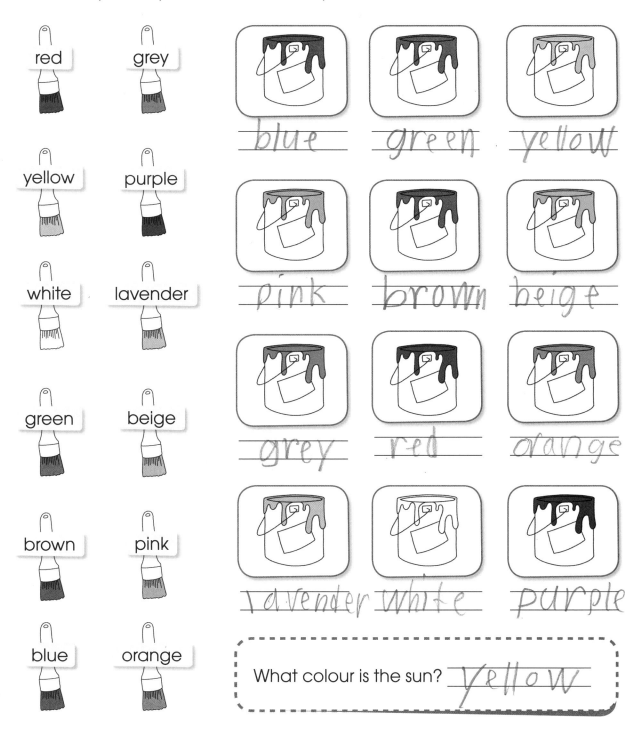

red	grey
yellow	purple
white	lavender
green	beige
brown	pink
blue	orange

blue · green · yellow

pink · brown · beige

grey · red · orange

lavender · white · purple

What colour is the sun? yellow

Shape Up!

Erika bought stickers. Write the name of each shape.

Erika a acheté des autocollants. Écris le nom de chaque forme.

circle   star   moon   square

diamond   oval   triangle   heart

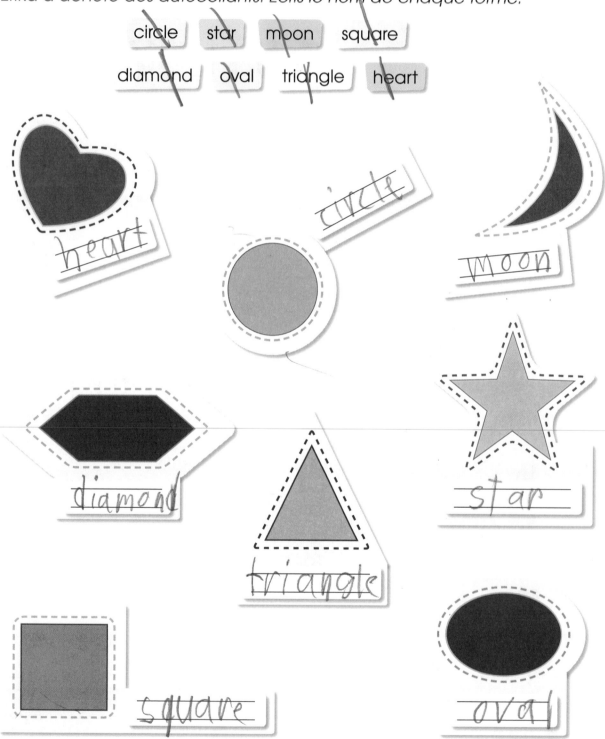

heart

circle

moon

diamond

triangle

star

square

oval

What's in Your Agenda?

Look at the agenda. Complete the sentences with the right day of the week.

Regarde le calendrier. Complète les phrases avec le bon jour de la semaine.

Monday	Tuesday	Wednesday	Thursday	Friday	Saturday	Sunday

a) On _Monday_ , Tom plays soccer.

b) On _Friday_ , Tom and Erika have swimming lessons.

c) On _saturday_ , Erika has piano lessons.

d) On _thursday_ , Tom has judo lessons.

e) On _sunday_ , Tom and Erika go to the restaurant.

f) On _wednesday_ , Sushi plays with Luna.

g) On _tuesday_ , Erika has ballet lessons.

Changing Seasons

1 Write the names of the months for each season.

Écris les noms des mois pour chaque saison.

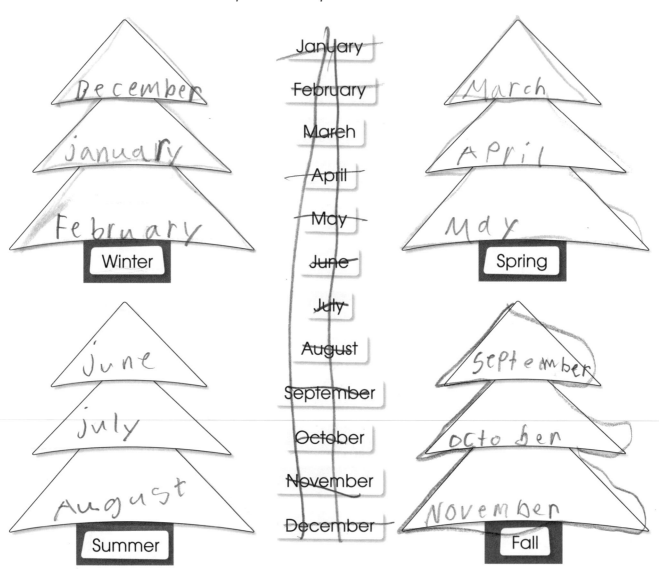

Winter: December, january, February

Spring: March, April, May

Summer: June, july, August

Fall: September, october, November

Months list: January, February, March, April, May, June, July, August, September, October, November, December

2 Colour the trees for each season.

Colorie les arbres selon la saison.

a) blue for winter

b) green for spring

c) yellow for summer

d) red for fall

3 Circle the names of the months.

Entoure les noms de mois ci-dessous.

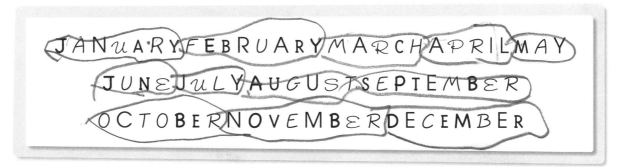

JANUARY FEBRUARY MARCH APRIL MAY
JUNE JULY AUGUST SEPTEMBER
OCTOBER NOVEMBER DECEMBER

4 Happy birthday! Complete the sentences.

Bon anniversaire! Complète les phrases.

a) Erika is eight years old in the summer.

Her birthday month is in A u g u s t.

b) Tom is nine years old in the winter.

His birthday month is in J a N U A R Y.

c) When is your birthday?

I am _nine_ (number) years old in the _Winter_ (season).

My birthday is in _FCBRUARY_ (month).

5 Match the summer clothes with Erika and the winter clothes with Tom.

Relie les vêtements d'été à Erika et les vêtements d'hiver à Tom.

The Picnic

1 Decide if the food goes in Erika's bag or in Tom's bag.

Relie les aliments au sac d'Erika ou de Tom.

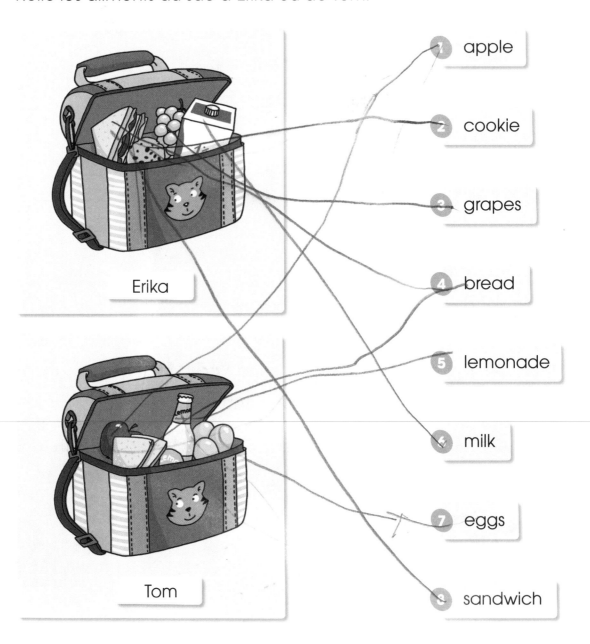

Erika

Tom

1 apple

2 cookie

3 grapes

4 bread

5 lemonade

6 milk

7 eggs

8 sandwich

2 **Is it food or not? Check the right answer.**

Est-ce de la nourriture ou non?
Coche la bonne réponse.

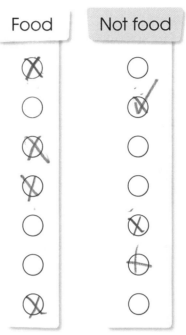

	Food	Not food
a) chocolate ice cream	⊗	○
b) bicycle	○	⊗
c) banana	⊗	○
d) potato	⊗	○
e) umbrella	○	⊗
f) sandcastle	○	⊕
g) carrots	⊗	○

3 **Complete the word search and find the name of a delicious dessert.**

Cherche les mots cachés dans la grille et découvre le nom
d'un délicieux dessert.

cake   rice   chicken

bread   egg   milk

sauce   sugar   soup

mustard   lemon

pear   tomato

The dessert is:

CHOCOLate
cake

C	C	H	I	C	K	E	N
T	M	U	S	T	A	R	D
O	S	L	H	O	C	O	B
M	O	E	L	A	S	T	R
A	U	M	S	A	U	C	E
T	P	O	E	G	G	M	A
O	E	N	C	A	A	I	D
K	R	I	C	E	R	L	E
P	E	A	R	C	A	K	E

Ice Cream

1 Sudoku! Complete the word to spell a flavour. Then, colour the ice cream.

Un sudoku! Complète les mots de la grille et colorie les boules de crème glacée selon leur saveur.

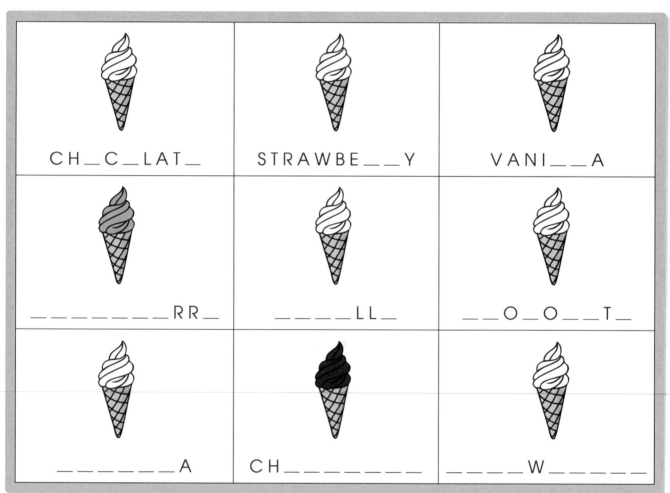

CH _ C _ LAT _

STRAWBE _ _ Y

VANI _ _ A

_ _ _ _ _ _ _ R R _

_ _ _ _ _ LL _

_ _ O _ O _ _ T _

_ _ _ _ _ _ _ A

CH _ _ _ _ _ _ _ _

_ _ _ _ W _ _ _ _ _

2 What flavour do you like? Use the following words.

Quelle saveur aimes-tu? Sers-toi des mots suivants pour répondre.

| strawberry | chocolate | lemon | chocolate chip |

a) I like _____ ice cream.

b) I don't like _____ ice cream.

Beverages

Check the correct sentences to find the beverage.

Coche les bonnes réponses et découvre la boisson dont il s'agit.

milk   lemonade   grape juice

a)

1. It is made with a lemon. ○
   It is not made with a lemon. ○
2. It is green. ○   It is yellow. ○
3. It is a glass. ○   It is not a glass. ○

Answer: It is _____ .

b)

1. It is made by a cow. ○
   It is not made by a cow. ○
2. It is white. ○   It is yellow. ○
3. It is a bottle. ○   It is a glass. ○

Answer: It is _____ .

c)

1. It is a juice made with grapes. ○
   It is milk. ○
2. It is violet. ○   It is green. ○
3. It is a glass. ○   It is a bottle. ○

Answer: It is _____ .

 **Anglais**

If You're Happy  Song

1 Read and sing with us.

Lis les paroles et chante avec nous.

How do you feel?

(To the tune of Si tu aimes le soleil, tape des mains.)

If you're happy and know it, clap your hands.

If you're happy and you know it, clap your hands (1)

If you're happy (2) and you know it

Then your face is going to show it

If you're happy and you know it, clap your hands.

If you're happy and you know it, stomp your feet (3)

If you're happy and you know it, stomp your feet

If you're happy and you know it

Then your face is going to show it

If you're happy and you know it, stomp your feet.

2 Match the blue words with the picture.

Associe les mots bleus à la bonne image.

How Do You Feel?

1 Match the face with the right emotion.

Relie le visage à la bonne émotion.

| sad | happy | tired | scared | angry |

2 Draw a face to match the emotion.

Dessine un visage qui correspond à l'émotion.

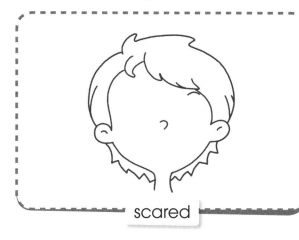
scared

angry

happy

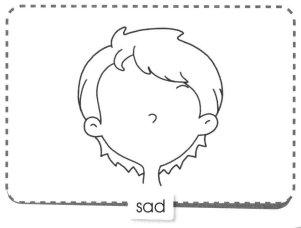
sad

Body Parts!

Follow the instructions to colour the monster's body parts.

Colorie les parties du corps du monstre en suivant les instructions.

a) Colour the lips blue.

b) Colour the nose orange.

c) Colour the eyes yellow.

d) Colour the hair purple.

e) Colour the head and arms green.

f) Colour the legs grey.

g) Colour the ears red.

What is its name? _____

Who's the Monster?

Create your monster and identify the body parts.

Crée ton monstre et identifie les parties du corps suivantes.

leg   eye   nose   ear   hair   mouth

_____
_____

_____

_____   _____

_____

_____

Have Fun!

Use the secret code to answer the riddle.

Sers-toi du code secret pour répondre aux devinettes.

a) It is an animal. It likes milk. It says "Meow." What is it?

It is a _ _ _ .

b) It is a bird. It eats at night. What is it?

It is an _ _ _ _ .

c) It is a fruit. It is yellow, red or green. Alexis likes it. What is it?

It is an _ _ _ _ _ .

d) It is a tree. It produces syrup. Its leaves are red in autumn. What is it?

It is a _ _ _ _ _ tree.

Find the Sports

Use the list to find the sports in the word search. Find the mystery word.

Utilise la liste pour trouver les sports cachés dans la grille.
Découvre le mot mystère.

golf   hockey   skiing   basketball   soccer   judo

swimming   bowling   gymnastics   skating   tennis

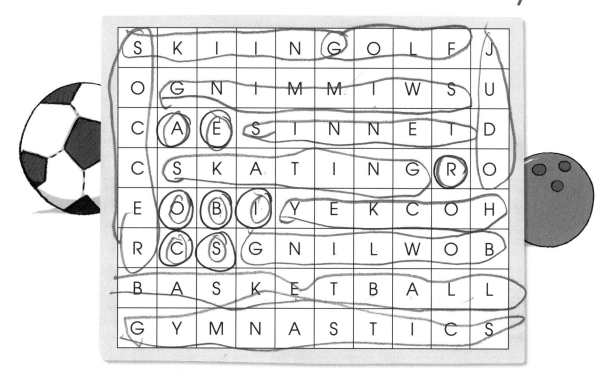

S	K	I	I	N	G	O	L	F	J
O	G	N	I	M	M	I	W	S	U
C	A	E	S	I	N	N	E	I	D
C	S	K	A	T	I	N	G	R	O
E	O	B	I	Y	E	K	C	O	H
R	C	S	G	N	I	L	W	O	B
B	A	S	K	E	T	B	A	L	L
G	Y	M	N	A	S	T	I	C	S

Mystery word: AeROBics

Animals of the World.

 Put the animals in the right category.

Classe les animaux dans la bonne catégorie.

ostrich

bat

clownfish

crocodile

lizard

whale

sparrow

snake

ray

parrot

turtle

bear

tiger

duck

shark

salmon

Snakes are scary!

Mammals	Birds	Reptiles	Fishes
• _____	• _____	• _____	• _____
• _____	• _____	• _____	• _____
• _____	• _____	• _____	• _____
• _____	• _____	• _____	• _____

What animal is scary? _____

Guess What?

1 Read the riddles and circle the right animal.

Lis les devinettes et entoure le bon animal.

a) It is brown.

It can fly.

It is small.

parrot   bat

c) It is black and white.

It goes in the water.

It can walk.

penguin   zebra

b) It is beige.

It is cute.

It lives in a tree.

cat   koala

d) It is grey.

It is long.

It swims in the water.

dolphin   turtle

2 Draw your favourite animal.

Dessine ton animal favori.

Not This One!

1 Put an ✗ on the word that does not belong to the category.

Fais un ✗ sur le mot qui n'appartient pas à la catégorie.

a) mother   sister   aunt   fish

b) nose   eyes   fox   mouth

c) two   blue   four   one

d) milk   panther   wolf   bear

e) pink   six   white   grey

f) happy   sad   triangle   tired

I can be a mammal or a pet. But I'm not an object!

2 Now it's your turn to complete the category:

Maintenant, c'est à ton tour de compléter la catégorie suivante :

cake

_____

_____

_____

Chocolate cake is my favourite dessert!

The Right Place

 Where do you find these objects? Answer the questions.

Où sont les objets suivants ?
Réponds aux questions.

a) Where is my shovel?
_____
_____

b) Where are the cages?
_____
_____

c) Where is my bed?
_____
_____

d) Where is my sofa?
_____
_____

e) Where is my desk?
_____
_____

f) Where is the yogurt?
_____
_____

At home

At the zoo

At the supermarket

At the park

At school

Where do you buy your favourite cookies?

_____
_____

A Great Day

1 **Read the text.**

Lis le texte.

Tom walks on the trail.	The duck flies over the lake.
Erika swims in the lake.	Sushi watches the frog.
The frog eats bugs.	The owl sleeps in the tree.

2 **Complete the sentences with the verbs.**

Complète les phrases avec les verbes suivants.

eats	walks	swims	sleeps	watches	flies

a) Erika _____ in the lake.

b) The duck _____ over the lake.

c) The owl _____ in the tree.

d) Sushi _____ the frog.

e) Tom _____ on the trail.

f) The frog _____ bugs.

3 Check the answer. There can be more than one.

Coche la bonne réponse. Il peut y en avoir plusieurs.

a) Who swims? ◯ ◯ ◯ ◯ ◯ ◯

b) Who walks? ◯ ◯ ◯ ◯ ◯ ◯

c) Who watches? ◯ ◯ ◯ ◯ ◯ ◯

d) Who sleeps? ◯ ◯ ◯ ◯ ◯ ◯

e) Who eats? ◯ ◯ ◯ ◯ ◯ ◯

f) Who flies? ◯ ◯ ◯ ◯ ◯ ◯

4 Complete the word search and find the mystery word.

Trouve les mots dans la grille et découvre le mot mystère.

boy	sleep
duck	sun
eat	swim
frog	trails
girl	tree
lake	watch
owl	wolf

W	E	O	W	L	H	C	T	A	W
O	E	G	O	R	F	S	W	I	M
L	R	W	B	O	Y	E	K	A	L
F	T	S	L	E	E	P	N	U	S
D	U	C	K	O	O	L	R	I	G
E	A	T	R	A	I	L	S	D	S

A different word for *forest* is: __ __ __ __ __ .

5 Match the insects with the movements.

Relie les insectes aux mouvements qu'ils font.

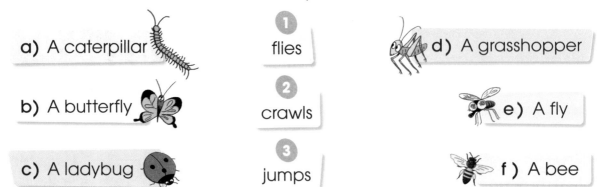

a) A caterpillar

b) A butterfly

c) A ladybug

1 flies

2 crawls

3 jumps

d) A grasshopper

e) A fly

f) A bee

6 Match the picture to the sentences.

Relie les images aux phrases correspondantes.

a)

c)

b)

1 Erika says "a caterpillar crawls."

2 Sushi says "a ladybug flies."

3 Tom says "a grasshopper jumps."

7 Complete the word search with the insects. Find the mystery word.

Trouve les noms des insectes cachés dans la grille et découvre le mot mystère.

bee   butterfly   caterpillar   dragonfly

ant   grasshopper

fly   ladybug   wasp

Mystery word:

_____

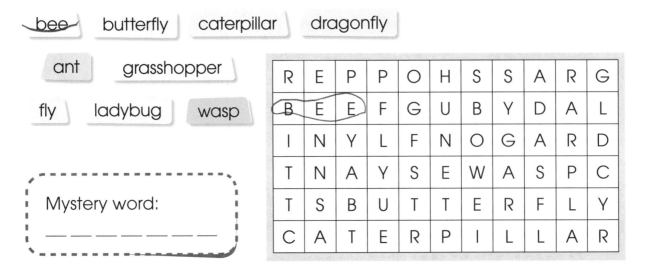

R	E	P	P	O	H	S	S	A	R	G
B	E	E	F	G	U	B	Y	D	A	L
I	N	Y	L	F	N	O	G	A	R	D
T	N	A	Y	S	E	W	A	S	P	C
T	S	B	U	T	T	E	R	F	L	Y
C	A	T	E	R	P	I	L	L	A	R

Black or White?

Circle the correct answer.

Entoure la bonne réponse.

1

soft | hard

2

back | front

3

short | tall

4

dirty | clean

5

near | far

6

wet | dry

The Itsy-Bitsy Spider Song

Read and sing with us.

Lis les paroles et chante avec nous.

The itsy-bitsy spider
Crawled up the water spout

Down came the rain
And washed the spider out

Out came the sun
And dried up all the rain

And the itsy-bitsy spider
crawled up the spout again.

A New Expedition

1 Do the animals live in the forest or in the savanna?
Match the two parts of the sentences.

Où vivent les animaux suivants : dans la forêt ou dans la savane ?
Relie les deux parties des phrases.

a) Antelopes live...

b) Bears live...

c) Zebras live...

d) Elephants live...

1 in the forest.

2 in the savanna.

 e) Deers live...

 f) Wolves live...

 g) Lions live...

 h) Owls live...

2 Complete the word search with the animal names. Find the hidden animal.

Trouve les noms des animaux cachés dans la grille.
Découvre l'animal mystère.

antelope   deer   owl

lion   elephant   tiger

wolf   zebra

The animal is a

_____.

It lives in the

_____

_____.

T	N	A	H	P	E	L	E
E	P	O	L	E	T	N	A
R	H	W	O	L	F	N	R
I	N	L	O	C	E	O	B
R	O	D	E	E	R	I	E
T	I	G	E	R	S	L	Z

A Winter Ride

 Where is Tom? Trace a green line following the directions.

Où se cache Tom ? Pour le découvrir, trace une ligne verte en suivant les indications.

a) At first, Tom is behind the polar bear!

b) Tom goes around the tree.

c) Tom goes on the lake.

d) Tom goes around the snowman.

e) In the end, Tom is in the igloo.

Cleaning Day

Tom and Erika sort summer and winter clothes.
Put them in the right category.

Tom et Erika trient les vêtements d'été et d'hiver.
Classe-les dans la bonne catégorie.

wool
socks

T-shirt

shorts

sandal

bathing
suit

sweater

snowsuit

dress

wool
scarf

Summer clothes	Winter clothes
• _____	• _____
• _____	• _____
• _____	• _____
• _____	• _____
• _____	• _____
• _____	

cap

wool hat

I like to wear my
jeans and my shoes
all year long!

At the Beach

Match the sentences to the right part of the image. Then, colour it.

Relie les phrases à la bonne partie du dessin. Puis, colorie-le.

The sky is blue. ●

Erika has a bicycle. ●

Tom eats an apple. ●

Sushi is in the wagon. ●

The sun is yellow. ●

Colouring at the Beach

Follow the directions to colour the pictures.

Colorie le nombre d'images demandé.

a) Colour **eight** seashells.

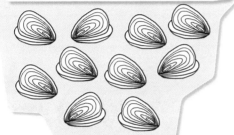

b) Colour **seven** buckets.

c) Colour **nine** starfish.

d) Colour **one** beach umbrella.

e) Colour **four** crabs.

f) Colour **ten** seagulls.

g) Colour **three** beach towels.

h) Colour **six** beach balls.

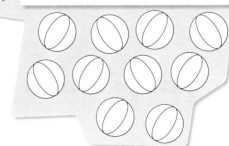

Fantastic Animals

Use the clue to write the name of the fantastic animal.

Écris le nom de l'animal fantastique représenté par l'indice.

unicorn ⟩ dragon ⟩ mermaid ⟩ centaur ⟩ vampire ⟩ monster

1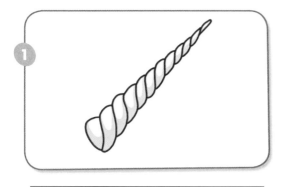

_____

_____

4

_____

_____

2

_____

_____

5

_____

_____

3

_____

_____

6

_____

_____

Alphabet Soup

Find the four words in your alphabet soup. Colour each letter with a different colour.

Trouve les quatre mots dans la soupe à l'alphabet. Colorie les lettres de chaque mot d'une couleur différente.

cheese   tomato   onion   potato

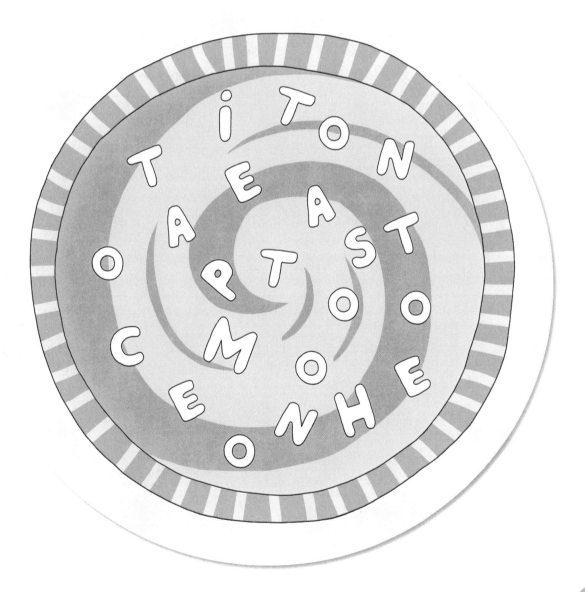

True or False?

Read the sentences and check True or False.

Lis les phrases et coche la bonne réponse.

	True	False
a) Ice cream is a dessert.	○	○
b) Dry is the opposite of clean.	○	○
c) The forest is blue.	○	○
d) A star can be a shape.	○	○
e) Saturday and Sunday are days of the weekend.	○	○
f) Reading is a sport.	○	○
g) Summer is a hot season.	○	○
h) My mom is my mother.	○	○
i) I wear a snowsuit in winter.	○	○

Sushi has a lot of fur!

He doesn't need a snowsuit in winter.

It's the Weekend

Read and complete the story with the clues.

Lis et complète l'histoire avec les indices.

 skating

 walk

 swimming

 drives

 reads

 watch

sleeps

to eat

gets dressed

Today is a nice Saturday morning. Erika has 🛼 _____

lessons with her friend Lea. After her class, they 👖 _____

upstairs to her 🏊 _____ lessons. Mrs. White always

🎛 _____ the girls home 🥪 _____

a good lunch and 👁 _____ their favourite TV show.

On Sunday, Erika 🛏 _____ until nine o'clock and

📕 _____ her adventure book. At the end of the day,

she 👕 _____ to go to her grandma's for dinner.

My Five Senses

1 Match the five senses with the right picture.

Associe les cinq sens à la bonne image.

See •

Hear •

Smell •

Taste •

Touch •

2 Name the sense.

Nomme le sens.

Quiz

1 **Check the correct answer.**

Coche la bonne réponse.

	True	False
a) A frog flies.	○	○
b) A caterpillar crawls.	○	○
c) A ladybug is blue.	○	○
d) A cow gives milk.	○	○
e) A tiger eats grapes.	○	○
f) An owl jumps.	○	○
g) A mountain sleeps.	○	○
h) A lake jumps.	○	○

2 **Day or month? Colour the days in blue and the months in green.**

Jour ou mois ? Colorie les noms des jours en bleu, et les noms des mois en vert.

Saturday

January

February

Thursday

Friday

April

July

Monday

May

March

Wednesday

August

Tuesday

Sunday

September

3 Colour the word to match the category.

Colorie les mots selon leur catégorie.

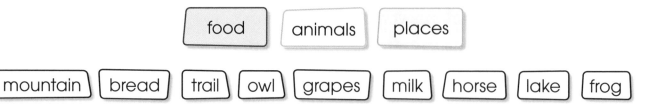

| food | animals | places |

| mountain | bread | trail | owl | grapes | milk | horse | lake | frog |

4 Complete the crossword puzzle.

Complète la grille de mots croisés.

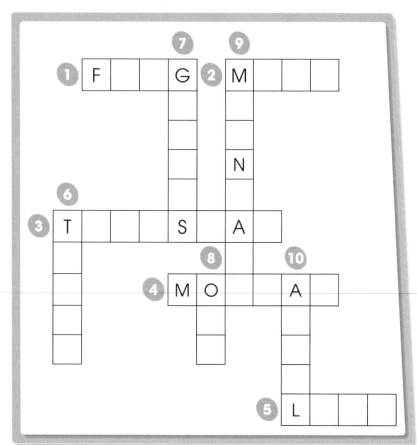

Across

1 It is a green animal.

2 Babies drink it.

3 It is the day after Wednesday.

4 It is the day before Tuesday.

5 Erika swims in the…

Down

6 It's where Tom walks in the forest.

7 Erika has this fruit in her bag.

8 This bird sleeps during day time.

9 This word begins with "mount."

10 It is the month before May.

Where Are You?

 Look at the picture and check the right answer.

Observe l'illustration et coche la bonne réponse.

	True	False
a) The cat is under the pig.	○	○
b) The girl wears a blue coat.	○	○
c) The rooster sings on the mountain.	○	○
d) A parrot is in the tree.	○	○
e) The sheep wears a yellow hat.	○	○
f) The animals are in the snow.	○	○

What's Wrong?

Circle the word in each group that does not belong.

Entoure le mot qui n'appartient pas à la catégorie.

a)　blue　　green　　sweet　　pink　　red　　orange

b)　dress　　coat　　boots　　hat　　cap　　cat

c)　bed　　table　　chair　　left　　lamp　　sofa

d)　jump　　drink　　dance　　good　　crawl　　look

e)　sad　　happy　　tired　　scared　　drink　　angry

f)　apple　　cookie　　grapes　　bed　　bread　　eggs

g)　ant　　cream　　ladybug　　butterfly　　fly　　bee

h)　April　　September　　May　　Sunday　　October　　January

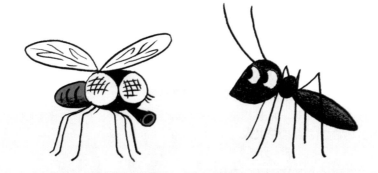

Let's Have Fun!

Use the secret code to find the games.

Sers-toi du code secret pour découvrir des jeux.

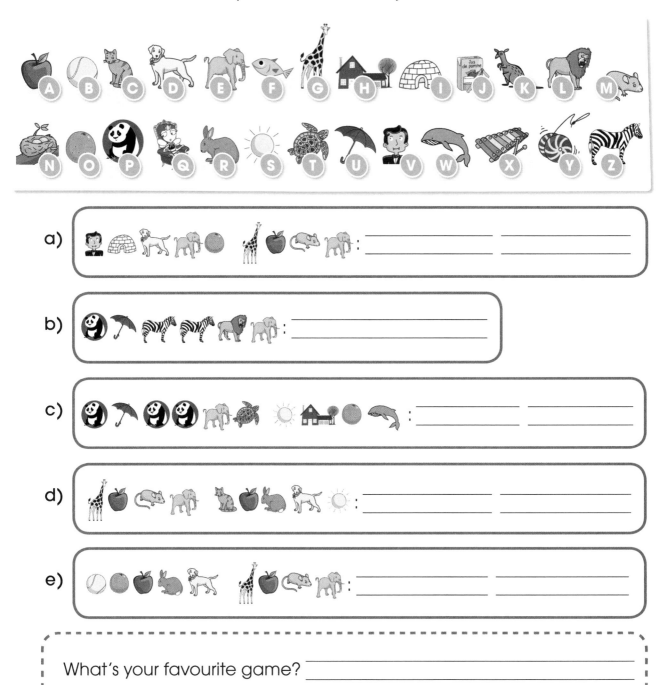

a) _____ _____

b) _____

c) _____ _____

d) _____ _____

e) _____ _____

What's your favourite game? _____

Read and Colour Me

 Read the sentences and colour the picture.

Lis les phrases et colorie le dessin.

a) A girl is on a small pink bike.

b) A man is wearing old grey shorts and an orange shirt.

c) A mom is wearing a yellow dress. She is standing beside her younger daughter.

d) Tom and his friend are juggling with red balls.

Look and Find

 Look at the picture and find the words.

Observe l'image et trouve les mots.

1. soccer ball
2. baseball bat
3. cat
4. shoes
5. sofa
6. family picture
7. plant
8. puzzle
9. coffee table
10. rug

What Did You Say?

Look at the dialogues and complete them with the word bank.

Regarde les dialogues et complète-les avec la banque de mots.

Hello, Tom! | At the park. | How are you?

Great! Let's go! | Do you want to play soccer?

Birthday Party

Colour the items on your birthday list.

Colorie ces articles de ta liste d'anniversaire.

one big chocolate cake   seven gifts   eight lemonade glasses

four birthday hats   ten candles   thirteen balloons

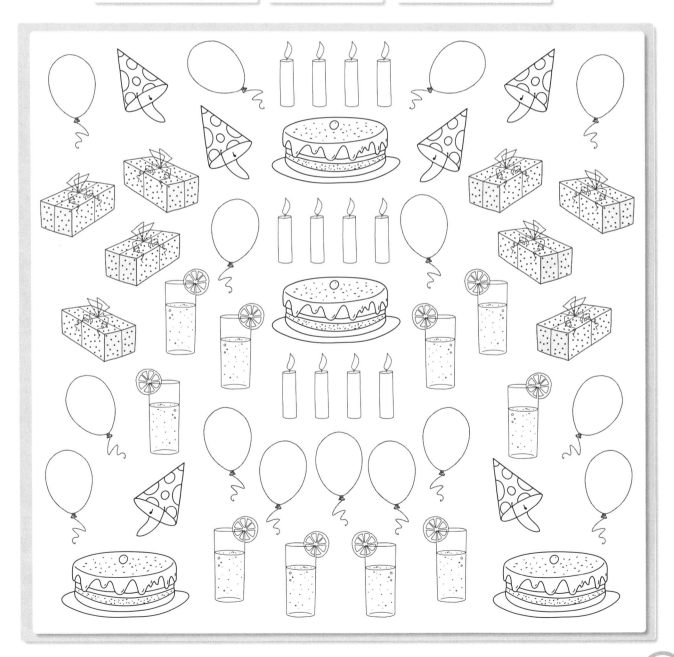

The Artist

Colour the picture using the colour code.

Colorie l'illustration en suivant le code de couleurs.

1 red   2 yellow   3 blue   4 pale blue   5 pink

Hello! Hello! Valentine 🎼 Song

To the tune of Twinkle Twinkle Little Star

Hello, hello, Valentine
How I wish you could be mine.
Sweet like candy, oh, so nice!

I could hug you once or twice!
Hello, hello, Valentine,
How I wish you could be mine.

 Here are some sweet words.
Voici quelques mots d'amour.

**To my Mom
and Dad**

I love you
so much!

**To my
best friend**

You are the
best friend
in the world!

Name It Right!

Circle the word that matches the number.

Entoure le mot qui correspond au nombre.

14   fourteen   sixteen   seventeen

seven   nine   five   7

20   eighteen   twelve   twenty

fifteen   one   twelve   12

19   ten   eleven   nineteen

eight   nine   two   9

0   zero   three   ten

fifteen   thirteen   fourteen   15

14   My birthday is the fourteenth!

My Bedroom

Find the number of objects in the picture.

Trouve les numéros des objets dans l'illustration.

1 guitar		**6** desk	
2 soccer ball		**7** window	
3 poster		**8** book	
4 bed		**9** hockey stick	
5 chair		**10** plant	

 **Anglais**

All about Me

Write the information about you in each drawing.

Écris les informations sur toi dans chaque dessin.

Hi! My name is

This is my family:

Today, I'm feeling

My best friend is

My favourite colour is

My favourite hobby is

My eyes are

I'm _____ years old

Action Verbs

1 Find the number of these action verbs in the picture.

Trouve les numéros des verbes d'action dans l'illustration.

1 play   **3** run   **5** fly

2 eat   **4** jump   **6** walk

2 Complete the sentences with a verb from the list.

Complète les phrases avec les verbes de la liste.

a) The children _____ in the park.

b) The birds _____ seeds.

c) Lea and Mathis _____ with their dog Fidele.

Read and Draw

Read the sentences and draw them.

Lis les phrases et dessine-les.

a) A girl drinks orange juice.

c) Mom reads me a story.

b) There is a cat in the tree.

d) I play at the beach.

Finish It!

Complete the sentences with the following words.

Complète les phrases avec les mots suivants.

| cinema | car | grandparents | games | family | chocolate |

a) My mom and I go to the _____.

b) My brother and I like _____.

c) My parents have a _____.

d) My sister and I have _____.

e) My brother and I are playing _____.

f) My cousins and I are _____.

Unscramble Me!

Unscramble the letters and match the word to its picture.

Démêle les lettres et relie le mot à son image.

a) rtsa _____ •

b) krind _____ •

c) getih _____ •

d) dnah _____ •

e) ehatr _____ •

f) aber _____ •

g) lgri _____ •

h) wlyelo _____ •

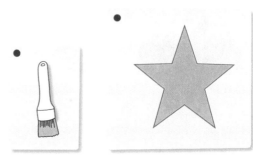

What's Your Style?

Check what you are wearing and draw your clothes.

Coche ce que tu portes et dessine tes vêtements.

○ jeans

○ socks

○ skirt

○ cap

○ dress

○ T-shirt

○ jogging suit

○ running shoes

○ shoes

○ sweater

○ pants

○ coat

Guess Who?

Guess who is wearing the clothes. Write their names.

Devine qui porte les vêtements. Écris leurs noms.

Alexis

Erika

Tom

Clara

Sushi

a) | blue cape | black pants | brown boots | _____

b) | red dress | yellow ribbons | black shoes | _____

c) | pink shoes | orange sweater | green T-shirt | _____

d) | blue boots | red cape | _____

e) | red T-shirt | blue pants | white shoes | _____

Where Is Sushi?

Complete the sentences with the following words.

Complète les phrases avec les mots suivants.

in   under   beside

a) Sushi is _____ the chair.

c) Sushi is _____ the plant.

b) Sushi is _____ my bed.

d) Sushi is _____ the basket with the kittens.

Which Category?

Put the words in the right category.

Place les mots dans la bonne catégorie.

to jump

a cage

to read

to run

at the park

a window

to see

at school

in the bed

a kite

a dress

at the beach

Objects	Places	Verbs
• _____	• _____	• _____
• _____	• _____	• _____
• _____	• _____	• _____
• _____	• _____	• _____

Colour Your World!

Use the colour code to complete the drawing.

Utilise le code de couleurs pour colorier le dessin.

1 brown   **2** pink   **3** black

4 yellow   **5** green   **6** red

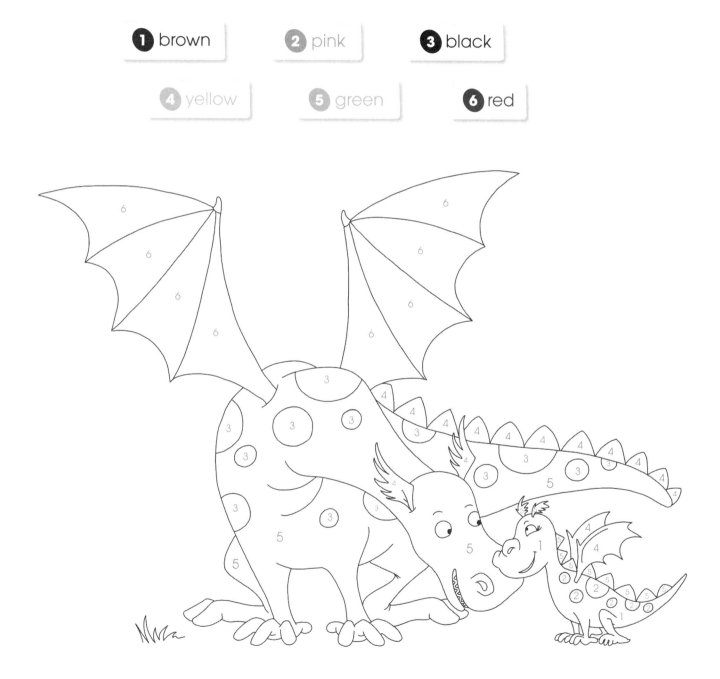

Goodbye, Friends!

Read and repeat the words you say when you are leaving.

Lis et répète les mots qui veulent dire Au revoir !

My Personal Dictionary

Colours

red　　yellow　　blue　　green　　orange　　pink　　white　　brown　　black

Numbers

1	2	3	4	5	6	7	8	9	10
one	two	three	four	five	six	seven	eight	nine	ten

11	12	13	14	15	16	17	18	19	20
eleven	twelve	thirteen	fourteen	fifteen	sixteen	seventeen	eighteen	nineteen	twenty

Family

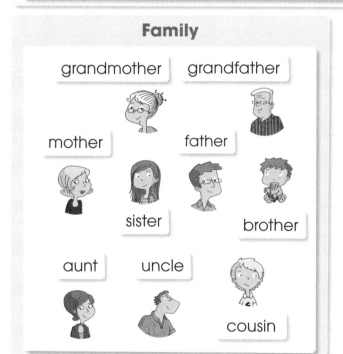

grandmother　　grandfather

mother　　father

sister　　brother

aunt　　uncle

cousin

Body parts and Clothes

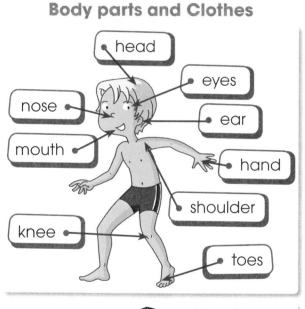

head
eyes
nose
ear
mouth
hand
shoulder
knee
toes

mitten

bathing suit

sandal

boot

snowsuit

wool hat

shorts

pants

sweater
shirt

shoes
socks

dress

cap

Corrigé

Une visite au verger

**Lecture** – Pages 11 à 15

2. *Réponses personnelles*

3. J'ai appris que monsieur Girard est pomiculteur, qu'il cultive plusieurs variétés de pommes, qu'il fait du jus à l'aide d'une centrifugeuse, qu'il existe des pommes d'été et des pommes d'automne, que la pomme est bonne pour la santé : elle contient de l'eau, des fibres, de la vitamine C et du potassium.

4. Parce qu'il y a beaucoup de pommes rouges.

5. La Lobo, la Richelieu, la Vista Bella ou la Melba.

6. Elles contiennent :
   - de l'eau
   - des fibres
   - de la vitamine C
   - du potassium

7. *Réponse personnelle*

8. *Réponse personnelle*

9. *Réponse personnelle*

10. a) **Ingrédients à prévoir :**
    1. 8 pommes ;
    2. 5 cuillerées à soupe d'eau ;
    3. ½ tasse de sucre ;
    4. ½ cuillerée à thé de cannelle.

    b) **Étapes de la recette :**
    1. Éplucher les pommes ;
    2. Couper les pommes en quartiers ;
    3. Enlever le cœur des pommes ;
    4. Déposer les pommes dans une casserole ;
    5. Ajouter l'eau ;
    6. Faire cuire ;
    7. Ajouter le sucre ;
    8. Parfumer la compote.

11.

12. a) une tarte — ☒ oui
    b) un couscous — ☒ non
    c) une croustade — ☒ oui
    d) un jus — ☒ oui
    e) un gâteau — ☒ oui
    f) une soupe — ☒ non

13. Découvre mon **dessert** favori. Je prends 4 **pommes**. Je les **lave**. Maman **enlève** le cœur de chaque pomme. Je dépose les pommes dans un **plat** qui va au **four**. Je mets dans chaque pomme 2 carrés de **chocolat**, du **beurre** et du **sucre**. J'**ajoute** un peu d'**eau** dans le plat. Je mets le tout au four pendant **30 minutes**.

14. *Exemple de réponse :*
    Les pommes au chocolat

**Vocabulaire** – Page 16

1.

Genre : masculin	Genre : féminin
• un jus	• une tarte
• un pépin	• une pomme
• un fruit	• une santé
• un dessert	• une compote
• un pomiculteur	• une vitamine

2.
• un arbre	• une pomme
• un arbrisseau	• une pommette
• un arbuste	• un pommetier

✏️ **Orthographe** – Page 17

1. ① Cortland ② Lobo ③ Melba ④ Richelieu
   ⑤ Rouville ⑥ Vista Bella

2.

J'entends [s]	J'entends [ge]	J'entends [gu]
• dessert • potassium	• verger • rouge	• déguster • goût

🔵 **Conjugaison** – Page 18

1.

Phrases avec *avoir*
J'**ai** trois pommes dans mon sac.
Tu **as** hâte de goûter la compote.
Elle **a** une délicieuse collation aux pommes.

Phrases avec *être*
Nous **sommes** dans le verger.
Vous **êtes** heureux de sortir.
Ils **sont** gourmands.

2.

avoir faim	**être** souffrante	**avoir** froid	**être** triste

🔵 **Grammaire** – Page 19

1. a) **F**arfouille dort profondément**.**
   b) **Il** rêve à une souris**.**
   c) **E**st-elle grise **?**
   d) **N**on, elle est verte**.**

2. a) ☒ non

   b) Monsieur Girard fabrique du jus de pomme sucré.

3. a) Les pommes sont (vertes), (rouges) ou (jaunes).

   b) Certaines pommes sont (acidulées).

   c) Il y a de (gros) pommiers dans le verger.

Des mots qui riment

📖 **Lecture** – Pages 21 à 23

2. a) Le poisson rouge a la rougeole.

   b) Le poisson rouge se cache sous une éponge.

   c) Le poisson rouge voit l'enfant cacher son chewing-gum sous l'aquarium.

   d) L'enfant se tait parce qu'il sait que le poisson connaît son secret.

3. *Dessins variés*

4. Mon premier : **Sous**
   Mon deuxième : **Rit**
   Mon tout : **Une souris**

5. (noire) nuit (au revoir) sol fil (poire)

   Je dis **au revoir** à la souris **noire** qui mange une **poire**.

6. Il faut que j'aille
   Au **Lac St-jean**
   Acheter du **pain**
   Pour ma **maman**.

   Il faut que j'aille
   À **Rimouski**
   Pour faire du **sport**
   Avec mes **amis**.

   Il faut que j'aille
   À **Pékin**
   Prendre des **photos**
   Pour mon **cousin**.

Vocabulaire – Page 24

a) ☒ elle va par ici puis par là

b) ☒ une souris intelligente

c) ☒ un souriceau

d) ☒ une ville

e) ☒ une île

f) ☒ une maladie

g) ☒ quelqu'un qui a peur

h) ☒ une maison pour les poissons

Orthographe – Page 25

1.

Accent aigu	Accent grave	Accent circonflexe
• thé	• à	• rôde
• Bornéo	• grand-mère	• même
• réparer	• dès	
• pressé	• poèmes	
• école	• repère	
• éponge		
• vérité		
• écris		

2. *Réponses personnelles*

Conjugaison – Page 26

1. J'**aime** ma maman comme une fleur au printemps.

Tu **aimes** les sports d'hiver comme un petit expert.

Il **aime** le soccer car il court de tout son coeur.

Nous **aimons** les poèmes qui disent *Je t'aime*.

Vous **aimez** les voyages pour découvrir d'autres visages.

Elles **aiment** les animaux, autant les petits que les gros.

2. *Réponses personnelles*

Grammaire – Page 27

1. **un** ou **le** poisson   M   **un** ou **le** bananier   M

une ou **l'**école   F   **un** ou **l'**oiseau   M

une ou **l'**eau   F   **une** ou **la** bicyclette   F

une ou **la** vérité   F   **une** ou **l'**armoire   F

un ou **l'**aquarium   M   **une** ou **la** nuit   F

2. **M**on frère Laurent compose des poèmes sur les animaux. **I**l choisit bien ses mots. **L**aurent lit ses textes aux amis de sa classe. **S**es amis rient car les poèmes de Laurent sont drôles**.**

Le marchand de sable

Lecture – Pages 30 et 31

2.

3. a) ○ Benjamin ne trouve pas son livre d'histoires.

○ Benjamin a peur du marchand de sable.

☒ Benjamin n'arrive pas à dormir.

b) ○ Qui a une seule couleur.

○ Qui a n'a pas de couleur.

☒ Qui a plusieurs couleurs.

c) ○ Il doit porter un costume spécial.

○ Il doit avaler une potion magique.

☒ Il doit mettre une poignée de sable dans sa poche.

d) ○ Il se déplace en avion.

☒ Il se déplace en volant.

○ Il se déplace en hélicoptère.

4. *Réponse personnelle*

5. Dans ce conte, Benjamin a vraiment voyagé dans le ciel avec le marchand de sable.

Indice : Benjamin retire une poignée de sable scintillante de sa poche.

6.

Vocabulaire – Page 32

1. a) Il se tournait et se retournait dans son lit.

b) Le pantalon bleu brillait dans la nuit.

c) Je me demande si le marchand de sable existe.

d) Il vit, dans le désert, un petit Bédouin écouter une histoire.

2.

Les mots de la même famille		
un lit	**le marchand**	**éclatant**
• la literie	• la marchande	• un éclat
• aliter	• la marchandise	• éclater

3. a) Benjamin avait les yeux grands ouverts.

b) Il portait un chapeau avec des rubans multicolores.

c) Benjamin vit des choses merveilleuses.

d) Il joua à cache-cache derrière les planètes.

Orthographe – Page 33

1. un ch**am**pion   le m**en**ton   r**em**plir

le j**am**bon   le contin**ent**   **em**brasser

la c**am**pagne   la d**ent**

une ch**am**bre   la p**ente**

le p**an**talon   une **en**veloppe

le ch**ant**   la t**em**pête

2. • BOTTE   • JOUER

• POCHE   • VOLER

• HOMME   • MATIN

• CHOSE   • RUBAN

• SABLE   • ROUGE

Conjugaison – Page 34

1. a) Vous **êtes** en pyjama.

b) Benjamin **est** fatigué mais il n'arrive pas à dormir.

c) Nous **sommes** épuisés par ce voyage nocturne.

d) Je **suis** le marchand de sable et je t'emmène avec moi.

e) Tu **es** curieux de connaître le marchand de sable.

f) Les enfants **sont** contents de glisser sur l'arc-en-ciel.

2. a) Il **a** une chemise blanche.

b) Nous **avons** du sable dans les poches.

c) Elles **ont** un sac de soie rouge.

d) J'**ai** besoin de dormir.

e) Vous **avez** de la chance de voyager.

f) Tu **as** un chapeau aux rubans multicolores.

g) Benjamin **a** les yeux grands ouverts.

Grammaire – Page 35

1. a) **Ses** (yeux) sont grands ouverts.

b) Les animaux sauvages boivent **de l'**(eau) **fraîche**.

c) Le petit garçon écoute **une** (histoire) **fantastique**.

d) Il porte **une** (chemise) **blanche** et **un** (pantalon) **bleu**.

2. a) **les** toboggan**s** blanc**s**

b) **les** manège**s** géant**s**

c) **les** pantalon**s** rouge**s**

d) **les** grand**s** rêve**s**

3. a) Comme j'ai fait un beau voyage**!**

b) Benjamin n'arrive pas à dormir**.**

c) Es-tu déjà allé en Afrique**?**

d) Benjamin a trouvé du sable dans sa poche**.**

e) Est-ce que tu rêves souvent**?**

f) Quel plaisir de voyager**!**

La vente de garage

Lecture – Pages 38 et 39

2. a) La vente-débarras

b) Il y a 3 personnages.

c) La famille trouve la liste des ventes-débarras dans le journal.

d) Ces ventes-débarras se passent le samedi.

e) La famille part à 8 heures.

f) La famille va à 2 ventes-débarras.

g) • un domino • un ballon

• une jupe • une cravate

3. **Premièrement**, on choisit les objets **et** les vêtements à vendre. On écrit un prix sur chaque objet **ou** vêtement **pendant que** les adultes préparent les tables. **Finalement**, on accueille les clients dans notre cour. Ils achètent ce qui leur plaît **puis** ils rentrent chez eux, ravis de leurs trouvailles.

Vocabulaire – Page 40

1. a) Je suis **un collier**.

b) Nous sommes **des chaussures**.

c) Je suis **une bague**.

d) Je suis **un chandail**.

e) Je suis **un dé**.

2. *Dessins variés*

Orthographe – Page 41

1.

Le son [o] au, eau, o	Le son [ã] an, en	Le son [u] ou
• b**eau**coup	• suiv**an**te	• t**ou**t
• c**o**llier	• mam**an**	• beauc**ou**p
• ch**au**ssure	• gr**an**d	
	• v**en**te	

2. *Réponses personnelles*

Conjugaison – Page 42

1. a) Clara **va** à la vente de garage.

b) Elles **vont** dans les rues à la recherche de trouvailles.

c) Vous **dites** bonjour à tout le monde.

2.

Aller	Dire
je **vais**	**je** dis
tu vas	**tu dis**
il **va**	elle **dit**
nous allons	**nous disons**
vous allez	**vous dites**
ils **vont**	**elles disent**

Grammaire – Page 43

1.

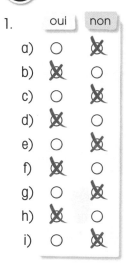

a) oui ○ / non ☒
b) oui ☒ / non ○
c) oui ○ / non ☒
d) oui ☒ / non ○
e) oui ○ / non ☒
f) oui ☒ / non ○
g) oui ○ / non ☒
h) oui ☒ / non ○
i) oui ○ / non ☒

2. a) La vente-débarras a lieu samedi.

b) Karine a trouvé de beaux livres et des vêtements.

c) Les gens circulent à pied ou à bicyclette.

Les abeilles

Lecture – Pages 46 et 47

2.

la butineuse   la cirière   la magasinière

la nettoyeuse   la nourrice   la sentinelle

3. a) L'abeille appartient à la famille des insectes.

b) Il y a 25 000 sortes d'abeilles dans le monde.

c) Un regroupement d'abeilles s'appelle une colonie.

d) La reine peut pondre 2 000 œufs par jour.

e) La personne qui élève des abeilles s'appelle un apiculteur.

4. a) Je suis **la reine**.

b) Je suis **l'abeille ouvrière**.

5. ① a) son papa **b) sa maman** c) Farfouille

② a) à l'école b) au parc **c) à la pharmacie**

③ **a) rapidement** b) le lendemain

c) dans une semaine

Vocabulaire – Page 48

1.

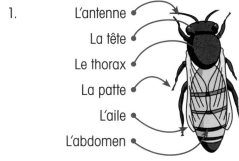

L'antenne
La tête
Le thorax
La patte
L'aile
L'abdomen

2.

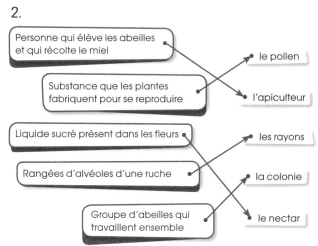

Personne qui élève les abeilles et qui récolte le miel → l'apiculteur

Substance que les plantes fabriquent pour se reproduire → le pollen

Liquide sucré présent dans les fleurs → le nectar

Rangées d'alvéoles d'une ruche → les rayons

Groupe d'abeilles qui travaillent ensemble → la colonie

le pollen
l'apiculteur
les rayons
la colonie
le nectar

✏️ Orthographe – Page 49

1. a) ☒ non

   b) le intérieur ➡ **l'**intérieur

   la alvéole ➡ **l'**alvéole

   le abdomen ➡ **l'**abdomen

   le œuf ➡ **l'**œuf

   le hiver ➡ **l'**hiver

2.

Mots se terminant par une lettre muette		

… t   vent
        différent
	… s trois
	        corps
	        intrus
		velours
		très

… p beaucoup	… x faux
	        mielleux
		… d dard
		        grand

🐝 Conjugaison – Page 50

1. a) L'apiculteur **fait** la récolte du miel.

   b) Les abeilles ouvrières **font** différentes tâches dans la ruche.

   c) Nous **faisons** une dégustation de miel.

   d) Je **fais** un gâteau au miel.

   e) Tu **fais** attention aux abeilles.

   f) Vous **faites** différentes variétés de miel.

2.

Farfouille **fait** la grimace.

Nous **faisons** un gâteau au miel.

Les abeilles **font** le tour de la ruche.

🔤 Grammaire – Page 51

1. Un jour, **les** abeilles de **la** famille Primevère décident de faire **la** grève. « Nous en avons assez ! Tous **les** jours, nous travaillons aussi dur que **des** fourmis. Nous allons sans relâche, de fleur en fleur, pour butiner **le** nectar avec lequel nous fabriquons **notre** miel. Vous récoltez le miel et vous vendez **des** pots dans toute **la** région. Qu'avons-nous pour tous **nos** efforts ? Rien du tout ! Nous ne voulons plus continuer ainsi. »

La famille Primevère réfléchit. Elle demanda au meilleur spécialiste de construire **des** ruches modernes.

Quelques jours plus tard, **la** reine a **un** canapé de velours rose. Les petites ouvrières ont **des** alvéoles spacieux et confortables. Mais surtout, tous les pots de miel portent une nouvelle étiquette : « Merci aux abeilles de la famille Primevère ».

2.

Singulier	Pluriel
déterminant + nom	déterminant + nom
• la grève	• les jours
• le nectar	• des fourmis
• notre miel	• des pots
• la région	• nos efforts
• la reine	• des ruches
• un canapé	• des alvéoles

Les arts martiaux

**Lecture** – Pages 54 et 55

2. a) Le karaté

b) L'aïkido

c) Le judo

3. Les arts martiaux

4. *Cette information se trouve dans le titre du chapitre et dans la première phrase du premier paragraphe (p. 52).*

5.

6.

	oui	non
a)	○	✗
b)	○	✗
c)	✗	○
d)	✗	○
e)	○	✗
f)	○	✗
g)	✗	○
h)	○	✗

7.
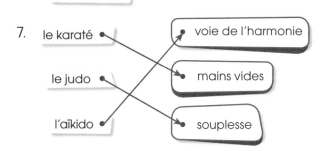

le karaté • → souplesse

le judo • → voie de l'harmonie

l'aïkido • → mains vides

8.   karatédo   judo   aïkido

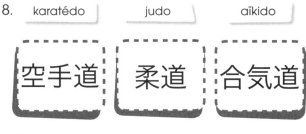

空手道   柔道   合気道

**Vocabulaire** – Page 56

1.

Mots au masculin	Mots au féminin
• **le** ou **un** pied	• **la** ou **une** compétition
• **le** ou **un** tapis	• **la** ou **une** ceinture
• **l'** ou **un** adversaire	• **la** ou **une** prise
• **le** ou **un** sport	• **la** ou **une** salle
• **le** ou **un** mouvement	• **la** ou **une** main

2.

Thème : sport	Thème : science
• hockey	• expérience
• judo	• chimie
• soccer	• mesure
• tennis	• scientifique

Orthographe – Page 57

1.

spaure	compétitoin	(tapis)	sainture
soprt	compétission	tappis	cinture
(sport)	(compétition)	tapsi	(ceinture)
sprot	compétittion	tapid	ceintture

2.
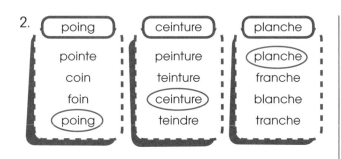

poing	ceinture	planche
pointe	peinture	**planche**
coin	teinture	franche
foin	**ceinture**	blanche
poing	teindre	tranche

je tu il Conjugaison – Page 58

1. b) Nous **faisons** du sport en famille.

   c) Il **va** à la piscine tous les jours.

   d) J'**ai** une nouvelle ceinture de judo.

   e) Elles **aiment** leur nouvel entraîneur de karaté.

   f) Tu **dis** que tu es le meilleur au judo.

   g) Vous **faites** du sport tous les jeudis.

   h) Tu **es** plus entraîné que moi.

2. b) C'est le verbe **faire**.

   c) C'est le verbe **être**.

   d) C'est le verbe **avoir**.

   e) C'est le verbe **dire**.

   f) C'est le verbe **faire**.

Abc Grammaire – Page 59

1. • LA POLITESSE

   • LE COURAGE

   • LA SINCÉRITÉ

   • L'HONNEUR

   • LA MODESTIE

   • LE RESPECT

   • LE CONTRÔLE DE SOI

   • L'AMITIÉ

2. a) Alexis aime le karaté et le judo.

   Alexis n'aime pas le karaté et le judo.

b) Le karaté, le judo et l'aïkido sont des arts martiaux.

   Le karaté, le judo et l'aïkido ne sont pas des arts martiaux.

c) Le sportif respecte son adversaire.

   Le sportif ne respecte pas son adversaire.

BC Jeux – Page 60

1.

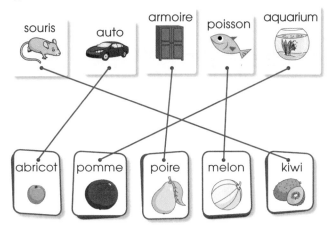

2. nuit, bruit

3. Calcutta, Angleterre

Page 61

4. **Mes vacances**

   J'ai quitté ma **maison**
   Pour aller prendre l'**avion**.

   Je suis arrivé sur la **plage**
   Remplie de jolis **coquillages**.

   Je me suis baigné dans la **mer**
   J'ai mis de la crème **solaire**.

   J'ai pris de jolies **photos**
   Et j'ai fait un tour en **bateau**.

5. *Réponse personnelle*

Page 62

6. *Dessin personnel*

Page 63

7.

Page 64

8. a) bleu blanche multicolores

   b) rouge brunes

9. *Réponses personnelles*

Page 65

10. *Exemples de réponses :*

   a) Ce livre a l'air drôlement **intéressant !**

   b) Waouh ! C'est le cadeau que je vais demander à mes **parents pour ma fête.**

   c) Cette grande table n'est pas **chère !**

   d) Et en plus elle irait très bien dans notre **salon.**

   e) Et que pensez-vous de ma jolie **bague ?**

Page 66

11.

	Vrai	Faux
a)	○	✗
b)	○	✗
c)	✗	○
d)	○	✗
e)	✗	○
f)	○	✗
g)	✗	○
h)	○	✗
i)	✗	○

Page 67

12.

Page 68

13.

Page 69

14. a)

C	S	D	E	L	J	T
O	U	I	E	T	U	R
M	C	F	M	A	S	E
P	R	R	M	R	C	S
O	E	U	O	T	I	S
T	N	I	P	E	P	E
E	E	T	U	S	E	D

Mot-mystère : D E L I C I E U S E

b)

R	E	I	N	E	A	P	I
A	I	C	U	L	P	T	N
Y	E	U	R	A	O	L	S
O	A	B	E	I	L	L	E
N	V	M	I	E	L	E	C
O	R	U	C	H	E	L	T
R	A	T	C	E	N	E	E

Mots-mystères : A P I C U L T E U R
et A L V E O L E

Page 70

15.

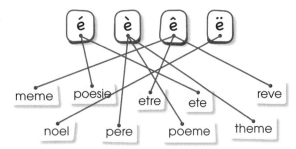

16. Mon premier : JUS

Mon deuxième : DO

Mon troisième : K

Mon tout : JUDOKA

Page 71

17. a) est   d) insectes

b) pommes, bonnes   e) ceinture

c) allons

18. (truie) (bruit)

Page 72

Exemples de réponses :

19. a) manger   c) dormir

b) jouer   d) se lever

20.

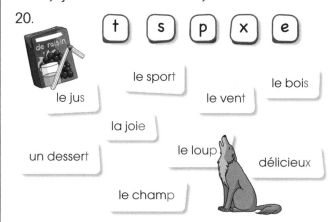

21. a) Les, la   c) La

b) L'   d) sa

22.

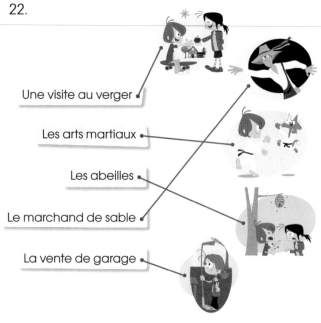

Corrigé

MATHÉMATIQUE

 Arithmétique

Page 76 – Des colliers et des perles

1. 13 15 18 22

2. 68

Page 77 – Encore des perles

a) 21   b) 37   c) 40   d) 52   e) 58   f) 64

Page 78 – La bibliothèque

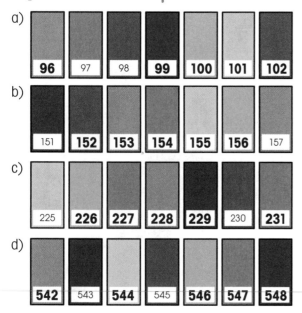

a) **96** | 97 | 98 | **99** | **100** | **101** | **102**

b) 151 | **152** | **153** | **154** | **155** | **156** | 157

c) 225 | **226** | **227** | **228** | **229** | 230 | **231**

d) **542** | 543 | **544** | 545 | **546** | **547** | **548**

Les livres 100, 156, 226 et 546 sont verts.

Page 79 – Centaine, dizaine et unité

Points par partie	Centaines	Dizaines	Unités
86			
165			
234			

Page 80 – Combien ça coûte ?

1. a) **35** $ c) **25** $ e) **425** $
   b) **15** $ d) **50** $

2. *Exemples de réponses :*

   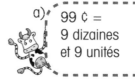

   a) 99 ¢ = 9 dizaines et 9 unités

   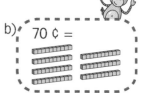

   b) 70 ¢ =

Page 81 – C'est équivalent

1. a) 10 + **10** + **10** + 1 + **1** + **1** + **1**

   b) **3** unités + **6** dizaines

   c) **4** unités + **2** dizaines + **3** centaines

   d) **215**

   e) **8** dizaines + 6 **unités**

2. *Exemples de réponses :*

   a) 5 dizaines + 5 dizaines

   b) 1 centaine − 2 dizaines

   c) 4 dizaines + 5 unités

Page 82 – Des vainqueurs aux olympiades

1.

Essais	Saut en hauteur Résultats (en points)	Essais	Saut en longueur Résultats (en points)
1	48 **<** 54	1	605 **<** 615
2	128 **<** 232	2	101 **=** 101
3	74 **>** 62	3	64 **>** 46
4	140 **>** 118	4	210 **<** 522
5	92 **=** 92	5	900 **>** 90

2. Course 1   232   Course 3 678

   Course 2 135

Page 83 – **Bingo!**

1.

B	I	N	G	O
2	17	32	47	61
5	19	38	49	64
7	21	⭐⭐⭐	55	68
10	28	40	57	70
14	30	44	60	72

2.

B	I	N	G	O
15	29	42	58	75
12	25	41	52	74
9	22	⭐⭐⭐	50	69
4	18	35	48	63
1	16	34	46	62

Page 85 – **Sur la cible**

1. a)
b)

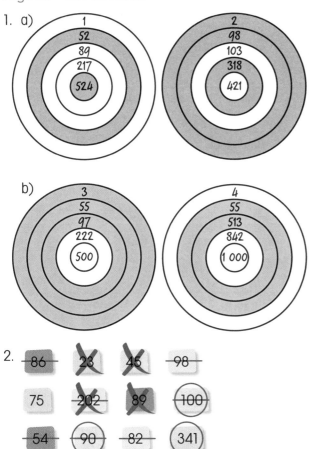

2. 86 23 45 98 75 202 89 100 54 90 82 341

Farfouille a **75** souris dans sa collection.

Page 86 – **Une tempête de flocons**

a) *Réponse personnelle*

b) 62

Page 87 – **Alexis prend sa part**

1. a)   c)

b)   d)

2. a) 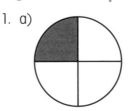   c)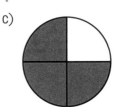

b) 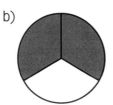   d)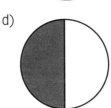

Page 88 – **Addition ou soustraction?**

1. ◯ Addition
   ☒ Soustraction $24 - 15 = 9$

2. ◯ Addition
   ☒ Soustraction $30 - 2 = 28$

3. ☒ Addition
   ◯ Soustraction $4 + 6 + 2 = 12$

4. ◯ Addition
   ☒ Soustraction $56 - 40 = 16$

Page 89 – Des activités bien calculées

1. Phrase mathématique : **2 + 1 + 1 = 4**

   Réponse : Alexis fait **4** heures d'activité physique.

2. Phrases mathématiques : **8 + 15 + 22 = 45**
   50 − 45 = 5

   Réponse : Il reste **5** $ à Clara.

Page 90 – Des calculs de tous les jours

1. Phrases mathématiques :

   Clara : **1 + 1 + 1 + 1 = 4**
   Alexis : **2 + 2 + 2 + 2 = 8**

   Réponses : Clara a mangé **4** boules de crème glacée et Alexis en a mangé **8**.

2. Phrase mathématique : **9 + 9 + 9 + 9 = 36**

   Réponse : Chaque collier contient **9** perles.

Page 91 – Mémoire et rapidité

5 + 5 = **10**	12 + 7 = **19**	18 + 2 = **20**
9 − 6 = **3**	12 − 4 = **8**	15 − 7 = **8**
13 + 7 = **20**	14 + 2 = **16**	8 + 8 = **16**
9 − 9 = **0**	11 − 5 = **6**	16 − 8 = **8**

Page 92 – Des équations équivalentes

1. *Exemples de réponses :*

a)	**8 + 6** = 14	**18 − 4** = 14
b)	**45 + 7** = 52	**54 − 2** = 52
c)	**18 + 10** = 28	**38 − 10** = 28

2. a) V   c) V
   b) F   d) F

3. a) 20   c) 90
   b) 70   d) 60

Page 93 – Le parcours

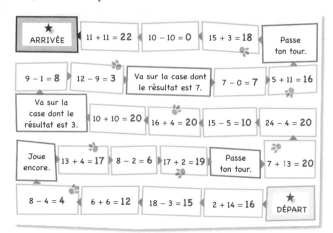

Page 94 – À toi de calculer

1. et 2. a) 25   d) 76   g) 99
         b) 43   e) 555   h) 136
         c) 132   f) 231   i) 288

Page 95 – Des nombres à retrouver

1. a) 18 + **2** = 20   f) 18 − **9** = 9
   b) 15 − **7** = 8   g) **12** + 8 = 20
   c) **10** − 0 = 10   h) **15** + 3 = 18
   d) 12 − **6** = 6   i) **11** − 5 = 6
   e) **8** + 4 = 12   Intrus : 3 et 1

2. a) 64   e) 74
   b) 80   f) 82
   c) 12   g) 64
   d) 8   h) 49

Page 96 – Et après ?

a)

b) 62, 64, 66
   Règle : + 2
    Pairs   ○ Impairs

c) 165, 175, 185
   Règle : + 10
   ○ Pairs   ✗ Impairs

d) 106, 104, 102
   Règle : − 2
   ✗ Pairs   ○ Impairs

e) chat, sou, chou

f) A, C, E, E

Page 97 – À la suite

1. a) 342, 345, 348, 351
   b) 76, 78, 80, 82
   c) 139, 137, 135, 133
   d) 235, 230, 225, 220
   e) 934, 938, 942, 946
   f) 55, 65, 75, 85
   g) 76, 68, 60, 52

2. *Réponses personnelles*

Géométrie

Page 98 – À droite, derrière...

2. a) au milieu
   b) à droite
   c) à gauche
   d) derrière
   e) sous
   f) au-dessus
   g) dans

Page 99 – Qui est où ?

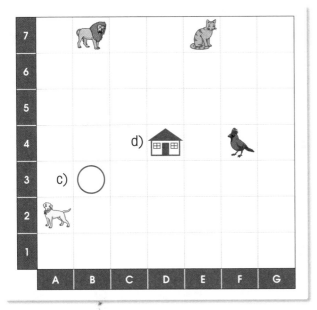

a) Le chien
b) Le chat
e) (F, 4)
f) (B, 7)

Page 100 – Où est Farfouille ?

a)

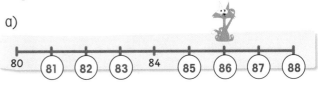

Farfouille est au-dessus du nombre **86**.

b)

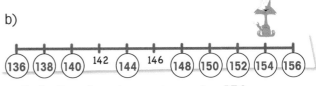

Farfouille est au-dessus du nombre **154**.

c)

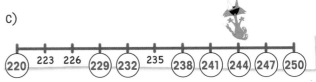

Farfouille est au-dessus du nombre **244**.

d)

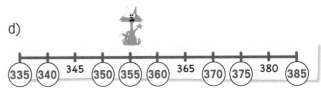

Farfouille est au-dessus du nombre **355**.

Page 101 – Pareil, pas pareil...

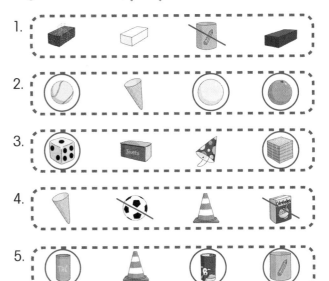

Page 102 – Drôle de face

1.

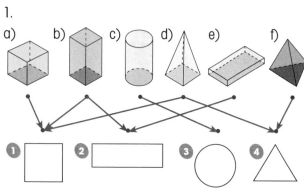

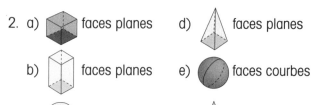

2. a) faces planes   d) faces planes

b) faces planes   e) faces courbes

c) les deux   f) les deux

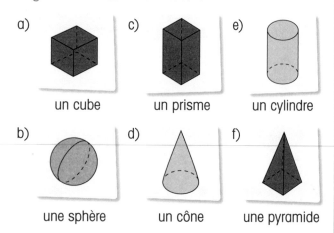

Page 103 – À chacun son nom

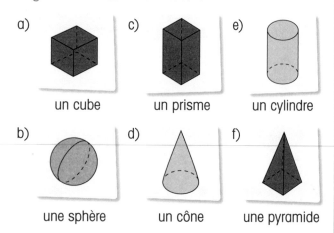

un cube   un prisme   un cylindre

une sphère   un cône   une pyramide

Page 104 – Qui suis-je ?

a) ◯ le cube   c) ◯ le prisme
◯ le cône   ◯ le cône
⊗ le prisme   ⊗ le cube

b) ◯ le cylindre   d) ◯ le prisme
⊗ la pyramide   ⊗ la pyramide
◯ la sphère   ◯ le cylindre

Page 105 – Prismes ou pyramides ?

a)

b)

c)

d)

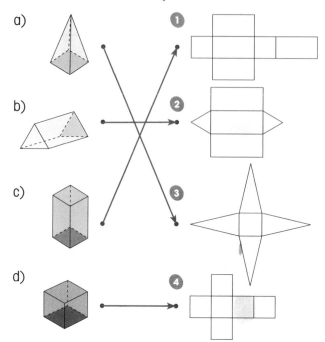

Page 106 – Ligne courbe, ligne brisée

1. a) ◯ Ligne courbe
⊗ Ligne brisée
Nombre de côtés : **4**
Nom : **Rectangle**

b) ◯ Ligne courbe
⊗ Ligne brisée
Nombre de côtés : **4**
Nom : **Carré**

c) ◯ Ligne courbe
⊗ Ligne brisée
Nombre de côtés : **3**
Nom : **Triangle**

d) ◯ Ligne courbe
⊗ Ligne brisée
Nombre de côtés : **4**
Nom : **Losange**

e) ⊗ Ligne courbe
◯ Ligne brisée
Nombre de côtés : **0**
Nom : **Cercle**

2. *Exemples de réponses :*

2.

est plus petit que	100 cm	5 m	30 m	32 cm	1 m	100 dm
3 m		X	X			X
50 cm	X	X	X		X	X
28 m			X			
15 cm	X	X	X	X	X	X
10 m			X			

Page 107 – Les suites logiques

1. a)

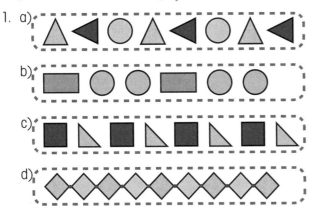

2. *Dessin personnel*

 Mesure

Page 108 – Plus grand, plus petit ?

b) **5** cm

c) **9** cm

d) **3** cm

e) **2** cm

f) **10** cm

• La plus grande mesure est **10 cm**.

• La plus petite mesure est **2 cm**.

Page 109 – Alexis compare des longueurs

1. a) 1 m > 10 cm

   b) 1 m = 100 cm

   c) 3 m < 30 m

   d) 30 cm = 3 dm

   e) 5 dm < 6 dm

   f) 7 m > 2 m

   g) 35 cm < 40 cm

   h) 26 m > 25 m

Page 110 – Clara prépare un plan

Exemples de réponses :

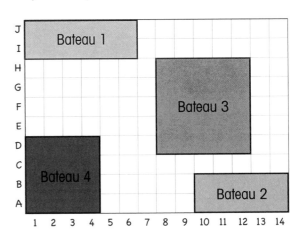

Page 111 – Vrai ou faux ?

	vrai	faux		vrai	faux
a)	X	○	e)	○	X
b)	○	X	f)	X	○
c)	○	X	g)	○	X
d)	X	○	h)	X	○

Farfouille mesure **2 cm** sur la photo.

Page 112 – Le calendrier

a) Au printemps

b) 5

c) 7

d) Vendredi

e) Noël : 25 décembre   Halloween : 31 octobre

f) Le 23 février

Page 113 – C'est l'heure !

1. b) 9 h 15   e) 4 h

    c) 1 h 35   f) 10 h 10

    d) 8 h

2. a)

     9 h 45   11 h 55   7 h 25

Page 114 – La vie de tous les jours

a) année   f) jours

b) minutes   g) minutes

c) jours   h) heure

d) semaine   i) mois

e) année

Statistique

Pages 115 à 117 – Clara et Alexis font des sondages

1. a) • Quelle est ta saveur de crème glacée préférée ?

    b) à d)

Saveurs	Nombre d'élèves
Chocolat	6
Fraise	5
Vanille	5
Pistache	3
Aucune	3
Total :	22

2. a) La Ronde

    b) Le mini-golf

    c) 4 personnes

    d) 22 personnes (10 + 12)

    e) 36 personnes

3. a) Le tennis

    b) Le baseball

    c) 4 personnes

    d) 13 personnes (7 + 6)

    e) 25 personnes

4.

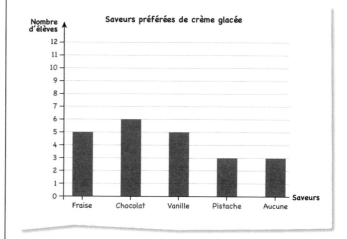

Probabilité

Page 118 – Certain, possible ou impossible ?

a) Possible   e) Possible

b) Certain   f) Impossible

c) Impossible   g) Certain et Possible

d) Possible

Page 119 – À toi de jouer !

1. *Réponses variées*

2. a) ⊗ vrai   c) ⊗ faux

    b) ⊗ faux   d) ⊗ vrai

Page 120 – **Des cadeaux pour Farfouille**

1.

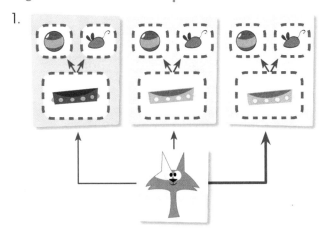

2. **6** combinaisons

 **Problèmes**

Page 121 – **La fête de Clara**

1. Phrase mathématique : **6 + 4 = 10**

   Réponse : **10** sacs

2. Phrase mathématique :
   2 + 2 + 2 + 2 + 2 + 2 + 2 + 2 + 2 + 2 = 20

   Réponse : **2** $

Page 122 – **Une sortie en luge**

Exemples de réponses :

| 2 luges à 1 place | 2 luges à 2 places | 1 luge à 4 places |

OU

| 1 luge à 1 place | 3 luges à 2 places | 1 luge à 4 places |

OU

| 4 luges à 1 place | 1 luge à 2 places | 1 luge à 4 places |

Page 123 – **Le drapeau du pays imaginaire**

Exemples de réponses :

Page 124 – **Chaque chien à sa place**

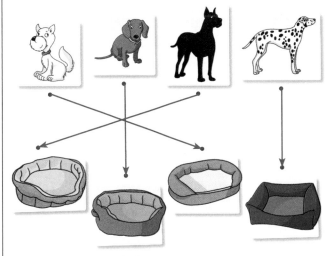

Page 125 – **La météo**

a) Jeudi

b) Mardi

c) Oui

d) Oui

e) Phrase mathématique : **40 − 20 = 20**
   Réponse : **20** ℃

Page 126 – **Une partie de Bingo**

Que le meilleur gagne !

Jeux

Page 128 – Mots mystères

1.

S 523	**B** 315	**O** 842	**A** 282	**L** 405
U 315	**K** 168	**D** 282	**C** 168	**X** 315
V 282	**E** 351	**Y** 168	**I** 178	**L** 444

Mot : **SOLEIL**

2.

F 6	**A** 4	**R** 1	**F** 3	**P** 8
Z 20	**O** 6	**U** 6	**I** 3	**X** 8
L 5	**L** 2	**B** 9	**V** 10	**E** 2

Mot : **FARFOUILLE**

3.

V 9	**B** 5	**A** 10	**C** 12	**O** 4
I 5	**A** 12	**U** 1	**M** 4	**N** 16
C 20	**Y** 5	**E** 14	**S** 13	**P** 2

Mot : **VACANCES**

Page 129 – Sudoku

1. a)

1	4	2	3
3	2	4	1
2	1	3	4
4	3	1	2

b)

4	1	2	3
3	2	1	4
2	3	4	1
1	4	3	2

2. a)

4	2	3	1	5	6
1	6	5	3	2	4
2	1	4	6	3	5
3	5	6	2	4	1
6	4	2	5	1	3
5	3	1	4	6	2

b)

6	5	2	1	4	3
1	4	3	5	6	2
2	1	6	4	3	5
4	3	5	6	2	1
3	6	1	2	5	4
5	2	4	3	1	6

Pages 130 et 131 – L'arithmétique en images

a) $6 - 5 = 1$

b) 17

c) Non

d) 6

e) 4

f) $17 - 6 = 11$

g) $20 + 6 = 26$

Page 132 – Un peu de magie

1.

5	12	10
14	9	4
8	6	13

2.

10	5	6
3	7	11
8	9	4

3.

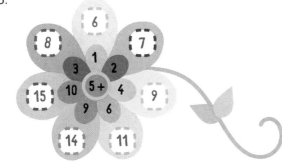

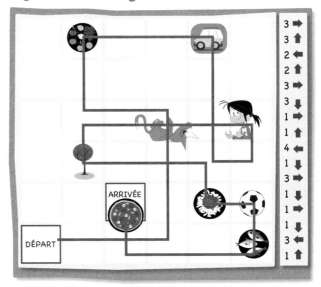

Page 136 – **Mandala**

Page 133 – **Les cartes de soccer**

Je possède **335** cartes de soccer.

Page 134 – **Qui a le code ?**

Pages 137 à 139 – **Sans problème**

1. a) 1 sac de 5 gâteries + 5 sacs de 10 gâteries.

   b) 3 sacs de 5 gâteries + 4 sacs de 10 gâteries.

2. a) 6

   b) 4

   c) 3

   d) 5

   e) 3

3. Avril

4. 3 (janvier, juin, juillet)

5. a) 3 (+) 2 (+) 4 = 9

   b) 15 (−) 4 = 11

   c) 6 (+) 5 (−) 3 = 8

6. mercredi, vendredi, dimanche (8 lettres)

7. 10

8.

9. 60 + 60 = 120

10. a) 7

    b) 19

11. Un mardi

L	M	M	J	V	S	D
	18	19	20	21	22	23
24	25					

Corrigé

ANGLAIS

 **Anglais**

Page 143 – **Tom's Family**

a) Tina is Philip's **sister**.

b) Philip is Paul's **son**.

c) Katia is Tina's **daughter**.

d) Tom is Ben's **brother**.

e) Helena is Katia's **aunt**.

f) Nora is Mika's **grandmother**.

g) Mika is Tom's **cousin**.

h) Peter is Lea's **uncle**.

Page 144 – **Numbers**

1.
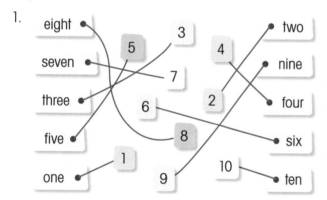

2. a) eleven **11**   f) sixteen **16**

   b) twelve **12**   g) seventeen **17**

   c) thirteen **13**   h) eighteen **18**

   d) fourteen **14**   i) nineteen **19**

   e) fifteen **15**   j) twenty **20**

Page 145 – **Colour Wonders**

blue   green   yellow

pink   brown   beige

grey   red   orange

lavender   white   purple

The sun is **yellow**.

Page 146 – **Shape Up!**

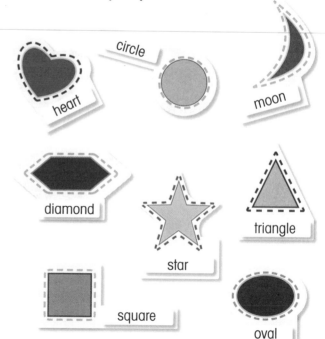

circle

heart

moon

diamond

star

triangle

square

oval

Page 147 – **What's in Your Agenda?**

a) On **Monday**, Tom plays soccer.

b) On **Friday**, Tom and Erika have swimming lessons.

c) On **Saturday**, Erika has piano lessons.

d) On **Thursday**, Tom has judo lessons.

e) On **Sunday**, Tom and Erika go to the restaurant.

f) On **Wednesday**, Sushi plays with Luna.

g) On **Tuesday**, Erika has ballet lessons.

Pages 148 et 149 – **Changing Seasons**

1. et 2.

December
January
February
Winter

March
April
May
Spring

June
July
August
Summer

September
October
November
Fall

3.

JANUARY FEBRUARY MARCH APRIL MAY
JUNE JULY AUGUST SEPTEMBER
OCTOBER NOVEMBER DECEMBER

4. a) Her birthday month is in **August**.

b) His birthday month is in **January**.

c) *Personal answers*

5.

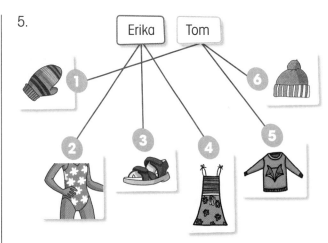

Pages 150 et 151 – **The Picnic**

1.

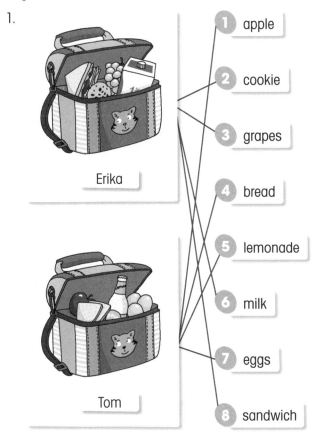

Erika

Tom

1 apple
2 cookie
3 grapes
4 bread
5 lemonade
6 milk
7 eggs
8 sandwich

2. a) Food   e) Not food

b) Not food   f) Not food

c) Food   g) Food

d) Food

3.

C	C	H	I	C	K	E	N
T	M	U	S	T	A	R	D
O	S	L	H	O	C	O	B
M	O	E	L	A	S	T	R
A	U	M	S	A	U	C	E
T	P	O	E	G	G	M	A
O	E	N	C	A	A	I	D
K	R	I	C	E	R	L	E
P	E	A	R	C	A	K	E

The dessert is: **CHOCOLATE CAKE**.

Page 152 – Ice Cream

1.

CHOCOLATE	STRAWBERRY	VANILLA
STRAWBERRY	VANILLA	CHOCOLATE
VANILLA	CHOCOLATE	STRAWBERRY

2. *Personal answers*

Page 153 – Beverages

a) ① It is made with a lemon.

② It is yellow.

③ It is a glass.

It is **lemonade**.

b) ① It is made by a cow.

② It is white.

③ It is a bottle.

It is **milk**.

c) ① It is a juice made with grapes.

② It is violet.

③ It is a bottle.

It is **grape juice**.

Page 154 – If You're Happy ♪ Song

2.

| Clap your hands | If you're happy | Stomp your feet |

Page 155 – How Do You Feel?

1.

sad   happy   tired   scared   angry

2. *Personal drawings*

Page 156 – Body Parts!

Personal answer

Page 157 – **Who's the Monster?**

Personal drawing

Page 158 – **Have Fun!**

a) It is a CAT.

b) It is a OWL.

c) It is an APPLE.

d) It is a MAPLE tree.

Page 159 – **Find the Sports**

S	K	I	I	N	G	O	L	F	J
O	G	N	I	M	M	I	W	S	U
C	A	E	S	I	N	N	E	T	D
C	S	K	A	T	I	N	G	R	O
E	O	B	I	Y	E	K	C	O	H
R	C	S	G	N	I	L	W	O	B
B	A	S	K	E	T	B	A	L	L
G	Y	M	N	A	S	T	I	C	S

Mystery word: **AEROBICS**

Page 160 – **Animals of the World**

Mammals	Birds	Reptiles	Fishes
bat	ostrich	crocodile	clownfish
whale	sparrow	lizard	ray
bear	parrot	snake	shark
tiger	duck	turtle	salmon

Personal answer

Page 161 – **Guess What?**

1. a) bat   c) penguin

   b) koala   d) dolphin

2. *Personal drawing*

Page 162 – **Not This One!**

1. a) mother | sister | aunt | ~~fish~~

  b) nose | eyes | ~~fox~~ | mouth

  c) two | ~~blue~~ | four | one

  d) ~~milk~~ | panther | wolf | bear

  e) pink | ~~six~~ | white | grey

  f) happy | sad | ~~triangle~~ | tired

2. *Personal answers*

Page 163 – **The Right Place**

a) At the park   d) At home

b) At the zoo   e) At school

c) At home   f) At the supermarket

Personal answer

Pages 164 à 166 – **A Great Day**

2. a) Erika **swims** in the lake.

  b) The duck **flies** over the lake.

  c) The owl **sleeps** in the tree.

  d) Sushi **watches** the frog.

  e) Tom **walks** on the trail.

  f) The frog **eats** bugs.

3.

a) Who swims? ⊗ ◯ ◯ ◯ ◯ ◯

b) Who walks? ◯ ⊗ ◯ ◯ ◯ ◯

c) Who watches? ◯ ◯ ⊗ ◯ ◯ ◯

d) Who sleeps? ◯ ◯ ◯ ◯ ⊗ ◯

e) Who eats? ◯ ◯ ◯ ◯ ◯ ⊗

f) Who flies? ◯ ◯ ◯ ⊗ ◯ ◯

4.

W	E	O	W	L	H	C	T	A	W
O	E	G	O	R	F	S	W	I	M
L	R	W	B	O	Y	E	K	A	L
F	T	S	L	E	E	P	N	U	S
D	U	C	K	O	O	L	R	I	G
E	A	T	R	A	I	L	S	D	S

A different word for forest is: **WOODS**.

5. a) A caterpillar crawls.

b) A butterfly flies.

c) A ladybug flies.

d) A grasshopper jumps.

e) A fly flies.

f) A bee flies.

6. a) **2**   b) **1**   c) **3**

7.

R	E	P	P	O	H	S	S	A	R	G
B	E	E	F	G	U	B	Y	D	A	L
I	N	Y	L	F	N	O	G	A	R	D
T	N	A	Y	S	E	W	A	S	P	C
T	S	B	U	T	T	E	R	F	L	Y
C	A	T	E	R	P	I	L	L	A	R

Mystery word: **INSECTS**

Page 167 – Black or White?

soft – hard

back – front

3 short – tall   4 dirty – clean

5 near – far   6 wet – dry

Page 169 – A New Expedition

1.

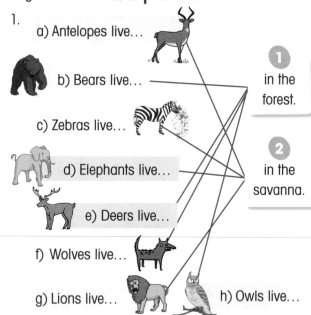

a) Antelopes live…

b) Bears live…

c) Zebras live…

d) Elephants live…

e) Deers live…

f) Wolves live…

g) Lions live…   h) Owls live…

1 in the forest.

2 in the savanna.

2.

T	N	A	H	P	E	L	E
E	P	O	L	E	T	N	A
R	H	W	O	L	F	N	R
I	N	L	O	C	E	O	B
R	O	D	E	E	R	I	E
T	I	G	E	R	S	L	Z

The animal is a **RHINOCEROS**.
It lives in the **savanna**.

Page 170 – **A Winter Ride**

Page 171 – **Cleaning Day**

Summer clothes	Winter clothes
bathing suit	sweater
shorts	snowsuit
dress	wool hat
cap	wool scarf
sandals	wool socks
T-shirt	

Page 172 – **At the Beach**

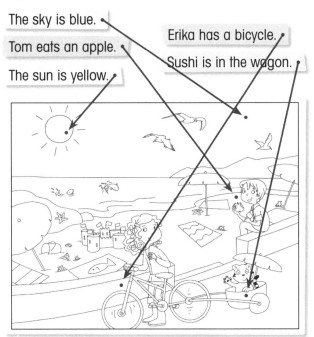

Page 173 – **Colouring at the Beach**

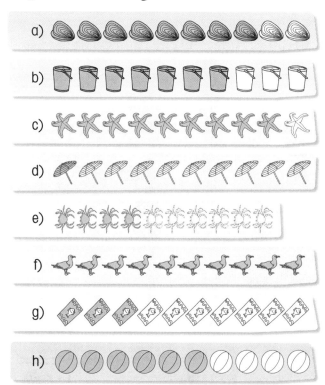

Page 174 – **Fantastic Animals**

1. unicorn
2. monster
3. vampire
4. dragon
5. centaur
6. mermaid

Page 175 – **Alphabet Soup**

Page 176 – True or False?

a) True   d) True   g) True

b) False   e) True   h) True

c) False   f) False   i) True

Page 177 – It's the Weekend

 skating

 walk

 swimming

 drives

 to eat

 watch

 sleeps

 reads

 gets dressed

Page 178 – My Five Senses

1.

Hear   See   Smell   Taste   Touch

2.

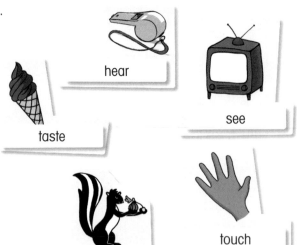

taste   hear   see   touch   smell

Pages 179 et 180 – Quiz

1. a) False   d) True   g) False

   b) True   e) False   h) False

   c) False   f) False

2.

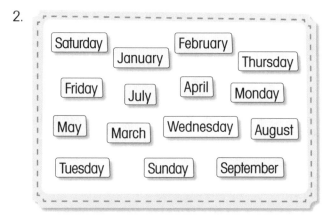

Saturday   January   February   Thursday   Friday   July   April   Monday   May   March   Wednesday   August   Tuesday   Sunday   September

3. mountain   bread   trail   owl   grapes   milk   horse   lake   frog

4.

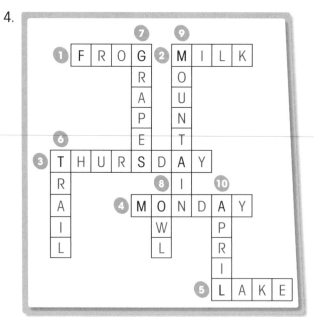

Page 181 – Where Are You?

a) False   c) True   e) True

b) False   d) True   f) True

Page 182 – **What's Wrong?**

a) blue green (sweet) pink red orange

b) dress coat boots hat cap (cat)

c) bed table chair (left) lamp sofa

d) jump drink dance (good) crawl look

e) sad happy tired scared (drink) angry

f) apple cookie grapes (bed) bread eggs

g) ant (cream) ladybug butterfly fly bee

h) April September May (Sunday) October January

Page 183 – **Let's Have Fun!**

a) video game   d) game cards

b) puzzle   e) board game

c) puppet show

Personal answer

Page 184 – **Read and Colour Me**

Page 185 – **Look and Find**

Page 186 – **What Did You Say?**

Hi, Erika! — Hello, Tom!

How are you? — I'm fine, thanks.

Where is Lea? — At the park.

Do you want to play soccer? — Yes, I do.

So, let's play! — Great! Let's go!

Page 187 – **Birthday Party**

Page 188 – **The Artist**

Page 190 – **Name It Right!**

14 — (fourteen) sixteen seventeen
(seven) nine five — 7
20 — eighteen twelve (twenty)
fifteen one (twelve) — 12
19 — ten eleven (nineteen)
eight (nine) two — 9
0 — (zero) three ten
(fifteen) thirteen fourteen — 15

Page 191 – **My Bedroom**

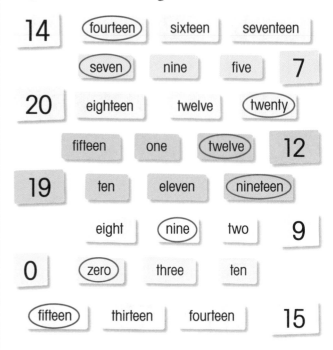

Page 192 – **All about Me**

Personal answers

Page 193 – Action Verbs

1.

2. a) The children **play** in the park.

b) The birds **eat** seeds.

c) Lea and Mathis **walk** with their dog.

Page 194 – Read and Draw

Personal drawings

Page 195 – Finish It!

a) My mom and I go to the cinema.

b) My brother and I like chocolate.

c) My parents have a car.

d) My sister and I have grandparents.

e) My brother and I are playing games.

f) My cousins and I are family.

Page 196 – Unscramble Me!

a) star

b) drink

c) eight

d) hand

e) heart

f) bear

g) girl

h) yellow

Page 197 – What's Your Style?

Personal drawings

Page 198 – Guess Who?

a) Tom

b) Erika

c) Clara

d) Sushi

e) Alexis

Page 199 – Where Is Sushi?

a) Sushi is **under** the chair.

b) Sushi is **under** my bed.

c) Sushi is **beside** the plant.

d) Sushi is **in** the basket with the kittens.

Page 200 – Which Category?

Objects	Places	Verbs
a cage	at the park	to read
a window	in the bed	to run
a kite	at the beach	to see
a dress	at school	to jump

Page 201 – Colour Your World!

Le quiz futé

Voici 27 questions pour tester tes connaissances en français, en mathématique et en anglais. Réponds aux questions sur une feuille à part et vérifie ensuite tes réponses.

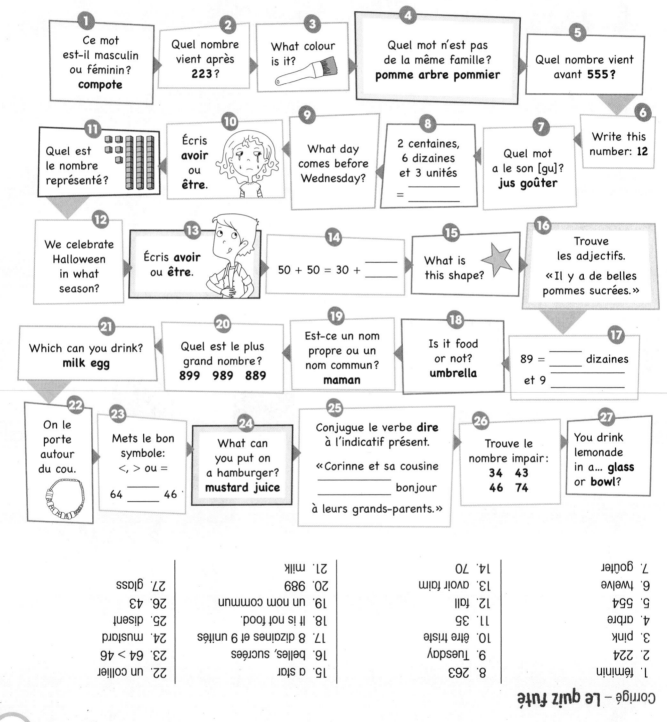

1 Ce mot est-il masculin ou féminin? **compote**

2 Quel nombre vient après **223**?

3 What colour is it?

4 Quel mot n'est pas de la même famille? **pomme arbre pommier**

5 Quel nombre vient avant **555**?

6 Write this number: **12**

7 Quel mot a le son [gu]? **jus goûter**

8 2 centaines, 6 dizaines et 3 unités = _____

9 What day comes before Wednesday?

10 Écris **avoir** ou **être**.

11 Quel est le nombre représenté?

12 We celebrate Halloween in what season?

13 Écris **avoir** ou **être**.

14 50 + 50 = 30 + _____

15 What is this shape?

16 Trouve les adjectifs. «Il y a de belles pommes sucrées.»

17 89 = _____ dizaines et 9 _____

18 Is it food or not? **umbrella**

19 Est-ce un nom propre ou un nom commun? **maman**

20 Quel est le plus grand nombre? **899 989 889**

21 Which can you drink? **milk egg**

22 On le porte autour du cou.

23 Mets le bon symbole: <, > ou = 64 _____ 46

24 What can you put on a hamburger? **mustard juice**

25 Conjugue le verbe **dire** à l'indicatif présent. «Corinne et sa cousine _____ bonjour à leurs grands-parents.»

26 Trouve le nombre impair: **34 43 46 74**

27 You drink lemonade in a... **glass** or **bowl**?

Corrigé – Le quiz futé

1. féminin	8. 263	15. a star	22. un collier
2. 224	9. Tuesday	16. belles, sucrées	23. 64 > 46
3. pink	10. être triste	17. 8 dizaines et 9 unités	24. mustard
4. arbre	11. 35	18. It is not food.	25. disent
5. 554	12. fall	19. un nom commun	26. 43
6. twelve	13. avoir faim	20. 989	27. glass
7. goûter	14. 70	21. milk	